Deutsche Panzergrenadiere im Kampfeinsatz in Afghanistan

Marcel Bohnert & Andy Neumann

FSC
www.fsc.org
MIX
Papier aus ver-
antwortungsvollen
Quellen
Paper from
responsible sources
FSC® C105338

Deutsche Panzergrenadiere im Kampfeinsatz in Afghanistan

Marcel Bohnert & Andy Neumann

2. Auflage

2025

DeutscherVeteranenVerlag

(GermanVeteransPublishing/Editorial de los veteranos alemanes/Maison d'édition des anciens combattants)

Bibliografische Information der Deutschen Nationalbibliothek
Die Deutsche Nationalbibliothek verzeichnet diese Publikation in der Deutschen Nationalbibliografie; detaillierte bibliografische Daten sind im Internet über www.dnb.de abrufbar.

© 2025, GermanVeteransPublishing (GVP): Berlin. DeutscherVeteranenVerlag/Maison d´éditions des anciens combattants/Editorial de los veteranos alemanes

2., aktualisierte und erweiterte Auflage
[Erstveröffentlichung: Marcel Bohnert & Andy Neumann (2016): Panzergrenadiere im Kampfeinsatz in Afghanistan, in: Freundeskreis der Panzergrenadiertruppe (Hrsg.): Eine Truppengattung im Wandel der Zeiten. Munster: Mundschenk]

Dieses Buch ist auch in englischer, französischer und spanischer Sprache erschienen.

www.VeteranenVerlag.de

Bilder Soldatinnen und Soldaten der 2. Infanteriekompanie Task Force Kunduz III, Afghanistan

Cover Panzergrenadiere der Task Force Kunduz III während einer Patrouille am 31. August 2011 in Chahar Darreh, Kunduz, Afghanistan

Cover-Design Lars Brinkmann ⓘ @lcb.photography

Illustrationen Nathalie Falkowski, Armee im Aufbruch, Hamburg

Revision Lena Pütz, Frank Jungbluth, Elaina Sophie Kroll

Verlag: BoD • Books on Demand GmbH, In de Tarpen 42, 22848 Norderstedt
Druck: Libri Plureos GmbH, Friedensallee 273, 22763 Hamburg

Printed in Germany
ISBN: 978-3-8370-0431-1

Für die Gefallenen, Verwundeten, Traumatisierten
und Hinterbliebenen des Afghanistan-Einsatzes.

Wir vergessen euch nicht!

Stimmen zum Buch

„Eine starke und eindringliche Darstellung der Panzergrenadiertruppe im Einsatz in Afghanistan. Zugleich ein wichtiges Zeitdokument, das nahtlos von Folgegenerationen gezogen werden kann, wenn wir vor vergleichbaren Herausforderungen stehen werden. Panzergrenadiere sind das wohl vielseitigste und anspruchsvollste Manöverelement, immer und überall im gesamten Einsatzspektrum der Streitkräfte einsetzbar – das macht sie so wertvoll.“

Brigadegeneral Björn F. Schulz, Kommandeur Panzertruppenschule und General der Panzertruppen

„Der Einsatz in Afghanistan ist Geschichte. Umso wichtiger ist die öffentliche Debatte, zu der Marcel Bohnert und Andy Neumann mit ihrem Buch einen wichtigen Beitrag leisten. Sie geben wichtige Einblicke in die Perspektive der Panzergrenadiertruppe in der robusten Phase der ISAF-Mission. Nach der Lektüre drängt sich einmal mehr die Frage auf, was die Bundeswehr aus dem Einsatz am Hindukusch gelernt hat."

Prof. Dr. Sönke Neitzel, Universität Potsdam

„Ich erinnere mich lebhaft an die Tage und Nächte, die ich als Medic mit der Panzergrenadiertruppe in Afghanistan verbracht habe. Ihre Professionalität war unübertroffen; jeder Handgriff, jede Entscheidung zeugte von jahrelanger Ausbildung und eiserner Disziplin. Wir begleiteten Konvois durch die gefährlichsten Regionen, stets auf der Hut vor versteckten Gefahren. Inmitten dieser ständigen Bedrohung bildete sich eine Kameradschaft, die stärker war als jede Waffe, die wir trugen. Wir waren nicht nur Soldaten und Kollegen, sondern eine Familie, die einander blind vertraute und bedingungslos unterstützte."

Hagen Vockerodt, Autor »1638 Tage im Krieg«

„Afghanistan im Herbst 2010: Im Rahmen einer hubschraubergestützten Zugriffsoperation planten wir den Sicherungsring gemeinsam mit Kameraden der Panzergrenadiertruppe aus. Im Mondlicht starteten wir mit Hubschraubern aus unserem Feldlager. Im Landeanflug auf unser Zielobjekt konnten wir aus der Luft sehen, wie die »Grennis« mit ihren Schützenpanzern unter uns in die vorgeplanten Stellungen rollten. Alles funktionierte reibungslos – die Grenadiere waren pünktlich auf die Sekunde. Die Operation war auch dank dieser Professionalität ein Erfolg und ist nur ein Beispiel für viele positive Erfahrungen, die ich während meiner Dienstzeit im Kommando Spezialkräfte mit Panzergrenadieren machen durfte."

Christian Gerstner, Autor »Unter dem Schwert«

"Als Fallschirmjäger haben wir im Einsatz mit unseren Panzergrenadieren exzellent zusammengearbeitet. Ihre Motivation, Professionalität und letztendlich auch ihre »Eisenschweine« haben unsere infanteristischen Fähigkeiten perfekt ergänzt. Nicht nur einmal waren sie in brenzligen Situationen das Zünglein an der Waage zu unseren Gunsten."

Johannes Clair, Autor »Vier Tage im November«

"Wir Panzergrenadiere spielten eine bedeutende Rolle im Afghanistan-Einsatz der Bundeswehr, insbesondere während des ISAF-Einsatzes. Im Jahr 2009 hat mein Zug als schweres Element der Quick Reaction Force 3 die ersten Schützenpanzer nach Kunduz gebracht. Schon kurz nach ihrem Eintreffen hat sich unser Hauptwaffensystem am 19. Juli 2009 das erste Mal im Gefecht bewährt. Panzergrenadiere wurden seitdem oft als Träger des Gefechts angesehen, da sie über wesentliche Fähigkeiten verfügten, um in diesem besonderen und herausfordernden Einsatz zu bestehen. Sie zeigten sich in Afghanistan flexibel, anpassungsfähig und entschlossen. Durch Mobilität und Feuerkraft trugen sie maßgeblich zur Sicherheit und Stabilisierung im Operationsgebiet bei. Panzergrenadiere konnten im Afghanistan-Einsatz beweisen, dass sie eine unverzichtbare Rolle in der modernen Kriegsführung spielen. Wir können zu Recht stolz auf unsere Truppengattung sein!"

Oberstabsfeldwebel Jan Hecht, Träger des Ehrenkreuzes der Bundeswehr für Tapferkeit

Inhaltsverzeichnis

1 Prolog: »Operation Tür« (Kunduz, Afghanistan, September 2011)

Der 9. September ist ein Tag, der vielen von uns noch lange in Erinnerung bleiben wird. Auch für viele Afghanen hat er eine besondere Bedeutung: Es ist der nationale Gedenktag zu Ehren von Ahmad Schah Massoud. Der Kampf gegen die Sowjetarmee ließ den Tadschiken Anfang der 1990er Jahre zu einer Legende werden und als Anführer der Mudschaheddin-Kämpfer wurde er später zur Symbolfigur des Widerstandes gegen die Taliban. Am 9. September 2001 starb Massoud durch die Bombe zweier als Journalisten getarnter Selbstmordattentäter. Kurz danach wurde er durch den afghanischen Präsidenten offiziell zum Nationalhelden erklärt.

Exakt zehn Jahre später brummen in der nordafghanischen Kunduz-Provinz die Motoren deutscher Schützenpanzer und Gefechtsfahrzeuge. Seit einer knappen Dekade ist auch die Bundeswehr in den Krieg am Hindukusch involviert.

Über die Jahre hatte sich die ISAF[1]-Mission von einem humanitär orientierten Stabilisierungseinsatz zu einem Kampfeinsatz entwickelt und forderte unter Bundeswehrangehörigen und alliierten Verbündeten seine Opfer. Im Jahre 2010 hatte der damalige Generalmajor Hans-Werner Fritz die deutschen Ausbildungs- und Schutzbataillone in Dienst gestellt; zwei voll ausgestattete Gefechtsverbände, die als Task Forces Kunduz und Mazar-E-Sharif an vorderster Front operierten. Spätestens damit wurde der veränderten Bedrohungslage auch auf taktischer Ebene endgültig Rechnung getragen.

Wir waren Teil der Task Force Kunduz III und begannen in den frühen Morgenstunden des 9. Septembers 2011 mit der »Operation Tür« im Unruhedistrikt Chahar Darreh. Absicht war es, zwei Dingo-Türen aus der Ortschaft Isa Khel zu bergen, die sich dort seit dem Karfreitagsgefecht 2010 befanden. Sie zeugten von jenem blutigen Tag, an

---

[1] ISAF: International Security Assistance Force, Bezeichnung der internationalen Schutztruppe in Afghanistan zwischen 2001 und 2014, von 2015 bis zum offiziellen Missionsende 2021: Resolute Support, Militärische Evakuierungsoperation im August 2021: MilEvakOp Kabul.

dem drei deutsche Soldaten in schweren Kämpfen ihr Leben ließen und etliche weitere verwundet wurden. Neben dem Kunduz-Bombardement im September 2009, bei dem ein deutscher Oberst zwei durch Aufständische gekaperte Tanklastzüge angreifen ließ, gilt der Karfreitag 2010 als tiefer Einschnitt und Wendepunkt in der öffentlichen Wahrnehmung des deutschen Einsatzes.

An diesem Morgen des 9. Septembers 2011 befindet sich der verstärkte Infanteriezug Bravo mit auf- und abgesessenen Kräften am Ort des damaligen Geschehens. Trotz der frühen Uhrzeit hat das Thermometer bereits die 40-Grad-Marke durchbrochen. Die Soldatinnen und Soldaten bahnen sich schwer bepackt ihren Weg nach Isa Khel. Pioniere und Kampfmittelspezialisten detektieren den Boden nach Sprengfallen und die gepanzerten Fahrzeuge schieben sich in ihrem Schutz allmählich an den Fluss, in dem Infanteristen der Kompanie die Türen vor einigen Wochen entdeckt hatten. Sie wurden dort durch die Bevölkerung zur Kanalisierung des Wasserlaufes genutzt. Die Operation hatten wir seitdem sorgsam vorbereitet, wobei nicht nur die Sicherheitslage in Isa Khel eine Rolle spielte. Uns war es ebenso wichtig, die Türen durch Metallplatten zu ersetzen, um die Einheimischen nicht gegen uns aufzubringen. Zudem hatten wir das Einverständnis unserer Vorgänger aus dem Jahre 2010 eingeholt und die praktische Umsetzung der Bergung der mehrere hundert Kilo schweren Türen geplant.

Unsere Soldatinnen und Soldaten führen Gespräche mit Einheimischen und sichern den Vormarsch der Gefechtsfahrzeuge in alle Richtungen. Den mit der Bergung befassten Kräften ist die Anstrengung und Anspannung anzusehen. Eine ganze Weile läuft alles nach Plan. Unmittelbar nach der schweißtreibenden Bergung der Türen – gegen 10:30 Uhr – erreicht die Kompanie die Information, dass sich auf dem Hochplateau Westplatte nahe der Ortschaft Nawabad ein IED-Strike[2] auf einen Spähtrupp der Aufklärungskompanie ereignet hatte, bei dem deutsche Soldaten verwundet worden waren. Die Operation in Isa Khel wurde sofort abgebrochen und nach einem Koordinierungshalt an der Höhe 432, bei dem wichtige Unterstützungskräfte in den bereits aufgefahrenen Panzergrenadierzug Charlie

---

[2] IED: Improvised Explosive Device, improvisierte Sprengfalle; IED-Strike: Anschlag mit improvisierter Sprengfalle.

eingegliedert wurden, verlegten die alarmierten Kräfte mit voller Geschwindigkeit zum fast zehn Kilometer entfernten Anschlagsort.

Der Motor des vorausfahrenden Schützenpanzers Marder überhitzte und fiel an einer Engstelle kurz vor Erreichen des Zuganges zur Westplatte aus. Der folgende Marder schob den Panzer unter Inkaufnahme der Beschädigung seiner Kühlanlage von der Straße und der Marsch konnte zügig fortgesetzt werden. Während unseres Anmarsches wurden wir durch amerikanische Black Hawk-Helikopter begleitet, die bereits einen knappen Kilometer vor unserem Erreichen der Anschlagstelle zur Landung ansetzten und einen Verwundeten aufnahmen. Unter hohem persönlichen Risiko sind die Black Hawks damit wie so oft in einer »heißen Zone« gelandet und haben so eine schnelle ärztliche Versorgung gewährleisten können.

Nach der Rundumsicherung des Anschlagortes mit den Schützenpanzern erfolgte eine Absuche durch unsere Kampfmittelbeseitiger, um die Gefahr von

Second-IEDs[3] zu minimieren. Die aus dem Feldlager Kunduz herangeführten Bergekräfte luden das zerstörte Aufklärungsfahrzeug auf einen Schwerlasttransporter und wichen anschließend unter unserer Überwachung aus.

Entgegen der ursprünglichen Operationsplanung für die Kompanie ist der Infanteriezug Bravo anschließend in eine Nachtaufstellung auf der Westplatte übergegangen und hat bei eingeschränkter Sicht leichte Spähtrupps an den Ortsrand von Nawabad durchgeführt, um dem Gegner nicht das Gefühl eines Triumphes zu vermitteln. In derselben Nacht schlug in unmittelbarer Nähe des Feldlagers Kunduz eine BM1-Rakete ein, die aus dem nordostwärtigen Teil von Isa Khel abgefeuert wurde. Eine am 11. September 2011 zusammen mit afghanischen Sicherheitskräften durchgeführte Post-Blast-Analyse zur Sammlung von Beweismaterial blieb allerdings ohne Ergebnis. Noch am selben Abend wurde

---

[3] Second-IEDs: Taktik von Aufständischen, bei der eine zweite Sprengfalle gezündet wird, wenn Rettungs- und Bergungskräfte an der Anschlagstelle erscheinen; auch Third-IEDs wurden in Afghanistan eingesetzt.

erneut eine Rakete in Richtung des deutschen Feldlagers abgefeuert. In der Folge setzten die 2. und 3. Kompanie im Wechsel Scharfschützentrupps in Begleitung von Infanteriekräften ein, die Beobachtungsstellungen auf Isa Khel bezogen. Diese blieben zwar ohne besondere Aufklärungsergebnisse, verhinderten aber zumindest vorübergehend den Abschuss weiterer Raketen auf das Feldlager.

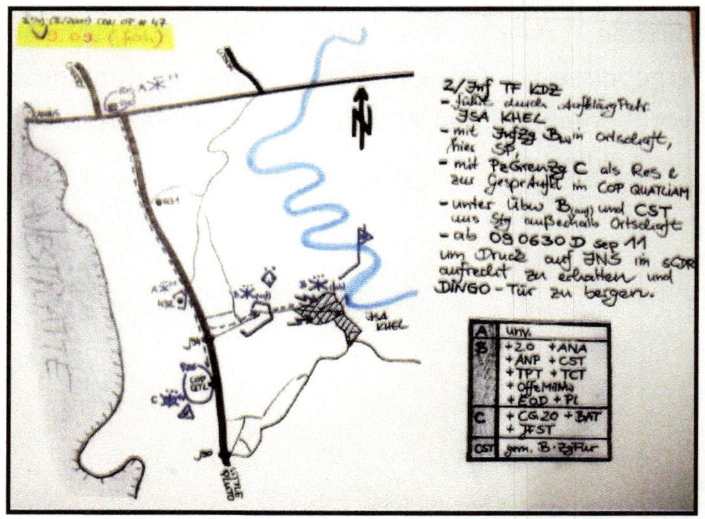

Der Operationsplan für die »Operation Tür« am 9. September 2011: Zu sehen sind eine Geländeskizze des südlichen Chahar Darreh-Distrikts mit taktischen Zeichen, ein militärischer Entschluss (Kurzbefehl) und die Truppeneinteilung der Kompanie.

»Operation Tür«: Soldaten der 2. Kompanie bei der Bergung von Dingo-Türen aus der Ortschaft Isa Khel, in der 2010 das Karfreitagsgefecht stattgefunden hat.

Bergung des am 9. September 2011 auf dem Hochplateau Westplatte angesprengten Aufklärungs- fahrzeuges vom Typ Enok unter Sicherung des Panzergrenadierzuges Charlie.

2 Einleitung: Herausforderungen irregulärer Kriegführung

Das asymmetrische Einsatzumfeld irregulärer Kriegführung stellt hohe Anforderungen an moderne Streitkräfte. Viele Konflikte der heutigen Zeit haben keinen klar erkennbaren Beginn, schwelen oft über mehrere Jahre in unterschiedlichen Intensitäten und lassen sich in ihrem Verlauf nur schwierig einschätzen. Frontlinien sind kaum zu definieren und zahlreiche Akteure mit undurchsichtigen Interessen profitieren von andauernden gewaltsamen Auseinandersetzungen. Irreguläre Kämpfer ignorieren das Humanitäre Völkerrecht, nutzen perfide Kriegsmittel und bewegen sich in dynamischen kleinen Gruppen kaum erkennbar inmitten der Zivilbevölkerung. Die Frage, wie die internationale Staatengemeinschaft auf diese Szenarien am besten reagiert, kann nicht allgemeingültig beantwortet werden.

Der Konflikt in Afghanistan wies viele Charakteristika irregulärer Kriegsformen auf. In der ISAF-Mission wurde ab 2010 die Counterinsurgency-Strategie implementiert, der die Annahme zu Grunde liegt, dass nicht die Bekämpfung des

Gegners, sondern die Zuwendung zur Bevölkerung im Zentrum aller Anstrengungen stehen muss, um eine nachhaltige Wende des Konfliktes herbeizuführen. Dieser Ansatz hat Soldatinnen und Soldaten dazu gezwungen, sich unmittelbar in die Bevölkerung zu begeben und sich nicht in der Anonymität – in schwer gepanzerten Gefechtsfahrzeugen oder hinter hohen Lagerzäunen – zu verstecken. Er bedeutete damit gleichzeitig ein besonderes Fähigkeitsprofil und eine hohe Gefährdung dieser Truppen.

Im Fokus dieses Buches soll der Einsatz von Panzergrenadieren der Bundeswehr mit dem Schützenpanzer Marder in Afghanistan stehen. Dabei wird zunächst aufgezeigt, wie sich ihr Weg in die Mission gestaltet hat und danach am Einsatz der Task Force Kunduz III exemplarisch beschrieben, mit welchen Herausforderungen sie konfrontiert wurden. Anschließend soll ihr Einsatzwert abgewogen und aufgezeigt werden, welche Erwartungen man möglicherweise in zukünftigen Einsätzen an sie richtet.

Die folgenden Ausführungen sind durch unsere Einsatzerfahrungen als Kompaniechef und Zugführer in der nordafghanischen Provinz Kunduz geprägt. Das Buch ist dadurch pragmatisch orientiert und es gilt zu berücksichtigen, dass es eher die Perspektive der militärischen Basis, als die der politischen Leitung oder der höheren militärischen Führung abbildet.

»Winning hearts and minds«: Die Zuwendung zur Bevölkerung und die enge Zusammenarbeit mit afghanischen Sicherheitskräften waren Kern der Counterinsurgency-Strategie in Afghanistan.

»Boots on the Ground« in Kunduz 2011 – Abgesessene Patrouillen bedeuteten auch eine höhere Belastung und Gefährdung unserer Soldatinnen und Soldaten.

Angehörige des verstärkten Infanteriezuges Bravo erreichen nach einer Patrouille bei über 50 Grad Celsius einen Vorposten im nördlichen Chahar Darreh und werden durch den Kompaniechef mit einer Erfrischung begrüßt.

3 Weg zum Einsatz von Panzergrenadieren in Afghanistan

Die Bundeswehr war seit 2002 am ISAF-Einsatz beteiligt – anfangs mit einem Truppenkontingent von gerade einmal 1.200 Frauen und Männern. Was mit umjubelten Patrouillen in der Hauptstadt Kabul begonnen hatte, ging im Laufe der Jahre in den Provinzen Kunduz und Baghlan in heftige Gefechte und einen blutigen Guerillakampf über. Die zunehmenden Angriffe auf deutsche Kräfte führten zunächst zu ungläubigen Reaktionen und später dazu, dass der Eigenschutz in den Vordergrund gerückt und ein Einsatz in gefährlichen Regionen weitgehend vermieden wurde. Erste Forderungen nach stärkeren Waffen wie Mörsern, Panzerhaubitzen oder Tornado-Kampfjets wurden einer defensiven politischen Strategie folgend abgelehnt.

Auch gegen die Verlegung von Schützenpanzern gab es lange Bedenken, da sie als Stufe der Konflikteskalation verstanden wurden und man bestrebt war, das deutsche Kontingent nicht wie eine Besatzungstruppe wirken zu lassen. Zudem wurden der schlechte Zustand von Straßen und

Brücken sowie der hohe logistische Aufwand als Argumente gegen ihren Einsatz ins Feld geführt. Sicherlich gab es auch nachvollziehbare Zweifel wegen des hohen Systemalters: Die ersten Serienfahrzeuge des Schützenpanzers Marder wurden 1971 an die Truppe übergeben und die Fähigkeit zum Wüstenkampf spielte bei ihrer Entwicklung noch keine Rolle.

Bereits seit 2006 waren Veränderungen in der Sicherheitslage und eine stetig zunehmende Zahl von direkten Angriffen auf deutsche Kräfte in Afghanistan zu verzeichnen. Die ersten vier Schützenpanzer Marder Typ 1A5 erreichten Mazar-E-Sharif zum Jahreswechsel 2006/2007 und wurden dort zunächst zum Schutze des Feldlagers eingesetzt. Ihr Gebrauch stand seinerzeit noch unter Billigungsvorbehalt des Generalinspekteurs der Bundeswehr, um eine mögliche Lageintensivierung durch ihren Einsatz von langer Hand steuern zu können.

Angesichts der sich immer weiter verschärfenden Situation wurden sie ab Mitte 2008 zur Unterstützung der Quick Reaction Force (QRF) des Regional Commands North vorgesehen und im

Frühjahr 2009 nach Kunduz verlegt, wo deutsche Soldatinnen und Soldaten bereits mit einer neuen Qualität von Angriffen durch Aufständische konfrontiert waren.

Der Einsatzraum um Kunduz galt in den ersten Einsatzjahren als Insel der Stabilität und wurde von deutschen Soldatinnen und Soldaten wegen der vergleichsweisen angenehmen Auftragslage sogar spöttisch als »Bad Kunduz« oder »Kunduz Spa« bezeichnet. Mit der Zunahme von Anschlägen und Gefechten wandelte sich die Bezeichnung der Region im Sprachgebrauch der Truppe allmählich in »Kessel Kunduz«: Statt der üblichen »Hit and Run«-Taktik und unkoordiniertem Beschuss durch kleinere militante Gruppen gerieten Patrouillen immer öfter in gut vorbereitete, komplexe Hinterhalte, in denen eine Kombination aus Selbstmordattentätern, IED-Strikes und geleiteten Feuergefechten angewandt wurde.

Aufständische verschanzten sich dabei in gestaffelten Stellungsystemen und attackierten deutsche Kräfte mit Scharfschützengewehren, Panzerfäusten und Handfeuerwaffen aus mehreren Richtungen. Dabei erwiesen sie sich als lernfähig und passten ihre Kampfweisen immer wieder an die eigenen Taktiken an.

In dieser Lage kamen die Marder im Juli 2009 erstmalig zu einem scharfen Einsatz: Auftrag der Panzergrenadiere war, ein eingekesseltes Ausbildungs- und Beraterteam aus einem Hinterhalt zu befreien. Schon diese erste Kampferfahrung zeigte die enorme Wirkung der Schützenpanzer gegen feindliche Kräfte, die durch die Wucht des Angriffs überrascht waren und den schnell vorrückenden Panzergrenadieren nichts mehr entgegenzusetzen hatten. Die Lage der kämpfenden Truppe verbesserte sich schlagartig. Innerhalb nur eines Jahres war die QRF im Raum Kunduz in weit über fünfzig Feuerkämpfe und stundenlange Gefechte verwickelt, bei denen sich der Einsatz der Marder immer wieder bewähren konnte. Auf die konkreten Erfahrungen und Vorzüge, die der Einsatz der Schützenpanzer mit sich gebracht hat, gehen wir in späteren Abschnitten des Buches ein.

Das Kunduz-Bombardement im September 2009 und das Karfreitagsgefecht im April 2010 machten den Strategiewechsel der deutschen Bodentruppen in Afghanistan überdeutlich und führten auch in der

Politik zu einem Umdenken: In kurzer Abfolge wurden Aufklärungsdrohnen vom Typ Heron geleast und drei Panzerhaubitzen 2000 sowie weitere fünfzehn Schützenpanzer Marder an den Hindukusch beordert. Damit stand den Kampfeinheiten der Task Forces Kunduz und Mazar-E-Sharif ab 2010 jeweils ein Panzergrenadierzug samt Großgerät zur Verfügung.

Die besonderen Rahmenbedingungen des dynamischen und komplexen Einsatzumfeldes in Afghanistan erforderten eine stetige Modellpflege des Schützenpanzers und führten zu einigen Kampfwertsteigerungen: Zunächst kam es zwischen 2002 und 2005 zur Nachrüstung von 74 Mardern zum Modell 1A5 mit einem Schutz gegen blast- und projektilbildende Minen. Dabei wurden der Kampfraumboden freigeräumt, das Verstauungs-konzept geändert und das Sitzgestell am Wannendach befestigt.

Da sich die außerordentlich hohen Temperaturen im Innenraum sehr stark auf die Durchhaltefähigkeit der Besatzungen auswirkten, hat die Rheinmetall Landsysteme GmbH auf Grundlage eines im Oktober 2009 erteilten Auftrages zudem eine

Raumkühlanlage entwickelt. Eine durch die Wehrtechnische Dienststelle 41 vorgenommene Erprobung bescheinigte dem System eine positive Wirkung. Es wurde allerdings zugleich darauf hingewiesen, dass eine grundlegende Änderung der Kühlleistung kaum möglich wäre, da es sich um die nachträgliche Integration in bereits eingeführtes Gerät handelte.

Die aufgetretenen Mängel und Unzulänglichkeiten mussten auf Grund des dringenden Bedarfes im Einsatz und mangels Alternativen allerdings hingenommen werden. Zum Rüstsatz gehörte auch der Störsender CG12 – ein »Jammer«, der im Nahbereich des Schützenpanzers gegen funkferngesteuerte IEDs eingesetzt werden konnte.

Weiterhin wurde durch die Firma Saab-Barracuda eine maßgeschneiderte Tarnausstattung entwickelt, die in erster Linie der Tarnung und in zweiter Linie der Wärmeisolierung dienen sollte. Sie wurde 2009 ebenfalls durch die Wehrtechnische Dienststelle erprobt und in mehreren Fahrversuchen hinsichtlich ihrer Festigkeit sowie ihrer technischen und ergonomischen Systemverträglichkeit überprüft. Nach der Umsetzung einiger Verbesserungen wurden die in Afghanistan befindlichen Schützenpanzer mit der Multispektralen Tarnabdeckung (Barracuda-Tarnnetz) ausgestattet.

Ende 2010 wurden die ersten zehn Marder 1A5A1 ausgeliefert und bis Ende 2011 wurden weitere 25 nachgerüstet.

Renaissance geballter Kampfkraft: Aufgefahrene Schützenpanzer Marder im Oktober 2010 in der Polizeistation des Unruhedistriktes Chahar Darreh.

Kunduz 2011: Ein Schützenpanzer Marder bezieht in den frühen Morgenstunden eine Überwachungsstellung an der Abbruchkante des Hochplateaus Westplatte. Kampfwertsteigerungen wie die Raumkühlanlage, improvisierte Aufbauten und Teile des Barracuda-Tarnnetzes sind erkennbar.

4 Einsatz einer Panzergrenadierkompanie: 200 Tage Kunduz

Im Jahre 2010 waren deutsche Soldatinnen und Soldaten in Afghanistan in die schwersten Gefechte seit Bestehen der Bundeswehr verwickelt. Zu dieser Zeit erhielt das Panzergrenadierlehrbataillon 92 in Munster den Auftrag, im Folgejahr für knapp sieben Monate als Leitverband die militärische Verantwortung in der nordafghanischen Kunduz-Provinz zu übernehmen und damit Teil des 26. sowie 27. deutschen Einsatzkontingentes der ISAF zu werden. Nach einer achtmonatigen Einsatzvorbereitung stand unsere Kompanie, die 2./Panzergrenadierlehrbataillon 92, im Juni 2011 als erste Einheit der Task Force Kunduz III geschlossen in Afghanistan und begann wenige Tage nach ihrer Ankunft mit den ersten Patrouillen im Unruhedistrikt Chahar Darreh. Im Folgenden wird ein Einblick in die Operationsführung und die Vorgehensweise der Kompanie während ihrer über 200 Einsatztage gegeben.

4.1　Einsatzvorbereitung

Während zweier Erkundungen im Einsatzland konnten wir einen Eindruck von der Lage der Kampfkompanien in Chahar Darreh gewinnen und daraus Rückschlüsse für unsere eigene Einsatzvorbereitung ziehen: Anfang Oktober 2010 kämpften durch Panzergrenadiere verstärkte Fallschirmjägereinheiten schwerpunktmäßig im südlichen Teil des Distrikts. Vor allem durch die Teilnahme an einer Patrouille und die Übernachtung in der örtlichen Polizeistation konnten wir in dieser Zeit wertvolle Informationen generieren. Nicht nur in Bezug auf die Beschaffenheit des Geländes, die Feindlage oder die außerordentlich hohen Belastungsfaktoren für Menschen und Material, sondern ebenso über die Ziele und Fortschritte der Operationsführung.

Vor allem die Gefechtsberichte aus erster Hand zeigten einen ungeschönten Blick auf die neue deutsche Einsatzrealität, die sich von tagelangen Gefechten über blutige Scharmützel in Handgranatenwurfweite bis hin zu Ansprengungen mit IEDs darstellte. Ein Blick auf die Lagekarte und die Schilderungen von Soldatinnen und Soldaten zeigten, dass die erste Task Force Kunduz bereits zu diesem Zeitpunkt taktische Erfolge aufweisen konnte. Ihre Kräfte operierten offensiv und setzten »Boots on the Ground«. Von dem noch einige Jahre zuvor durch unsere Verbündeten erhobenen Vorwurf, die Bundeswehr würde sich in ihren Feldlagern verschanzen, konnte hier nicht mehr die Rede sein. Der Preis, den der Verband dafür zu zahlen hatte, waren allerdings zahlreiche verwundete und traumatisierte Soldaten. An die gewonnenen Eindrücke knüpfte unser Verband in der einsatzvorbereitenden Ausbildung an.

Einige Wochen vor Beginn unseres Einsatzes war erneut eine Delegation des Panzergrenadierlehrbataillons in Kunduz, um einen letzten Realitätsabgleich vorzunehmen und sich von unseren unmittelbaren Vorgängern aktuelle Lageentwicklungen schildern zu lassen. Diese zweite Erkundungsreise wurde von zwei Sprengstoffanschlägen überschattet, bei denen deutsche Task Force-Angehörige ihr Leben verloren oder verwundet wurden. Die Kampfeinheiten befanden sich bei unserer Ankunft dennoch nicht in einer Schockstarre, sondern schienen in unverändert hoher Schlagzahl zu operieren. Unsere Vorgänger hatten an die Offensivoperation »Halmazag« im November 2010 anknüpfen können und inzwischen weite Teile des südlichen Chahar Darrehs unter ihrer Kontrolle. Zudem fanden bereits Operationen im Norden statt, bei denen es allerdings immer wieder zu Angriffen und Sprengstoffanschlägen kam. Unser Ziel war also klar: Eine weitere Stabilisierung des südlichen Distriktteils und die Ausdehnung der »Security Bubble« nach Norden.

4.2   Einsatzverlauf

Durch mehrere Anschläge waren im ersten Halbjahr 2011 bereits sieben deutsche Soldaten gefallen und etliche weitere teils schwer verwundet worden. Wir verstanden sie als Vorboten der Spätsommeroffensive der Aufständischen und sie prägten die Erwartungen an unsere Einsatzzeit. Die Anschläge reihten sich allerdings auch in die zunehmende Tendenz ein, die Kräfte der Bundeswehr mit Sprengfallen anzugreifen und den offenen Kampf zu meiden.

Zudem wurde eine weitere perfide Form der Bedrohung augenscheinlich, die im Februar des

Jahres 2011 drei deutsche Soldaten das Leben und sechs weitere ihre körperliche Unversehrtheit kostete: Angriffe durch Innentäter, also Angehörige der afghanischen Sicherheitskräfte, die sich gegen ihre alliierten Verbündeten richteten. Sie schürten Misstrauen und hatten das Potenzial, die Moral der Truppe und den Glauben an die Sinnhaftigkeit des Einsatzes zu untergraben. Wir behalfen uns mit einigen Maßnahmen, die dieses Risiko zumindest begrenzen konnten. Dazu zählten wir vor allem den Aufbau eines engen Vertrauensverhältnisses zu unseren afghanischen Verbündeten.[4]

Erste Patrouillen mit afghanischen Polizisten begannen nicht einmal eine Woche nach Ankunft der letzten Kräfte unserer Kompanie im Einsatzland. Wir führten zunächst kürzere Operationen im Nahbereich unseres Außenpostens in Chahar Darreh durch, um den Soldatinnen und Soldaten und auch der Kompanieführung ein Einstellen auf die neuen Rahmenbedingungen zu ermöglichen und »Situational Awareness« zu entwickeln. Extreme Außentemperaturen von über 50 Grad Celsius im

---

[4] Die »Taschenkarte Innentäter« der 2. Kompanie zur Risikominimierung befindet sich im Anhang des Buches (S. 134f.).

Schatten verlangten von jedem Einzelnen eine außerordentliche körperliche Belastbarkeit, aber das permanente Tragen von Helmen, Schutzwesten oder Kampfmittelrucksäcken war angesichts der Bedrohungslage unabdingbar.

Im Schützenpanzer Marder konnten die Temperaturen auf 80 Grad Celsius (!) steigen, was insbesondere für die im vorderen Kampfraum eingesetzten Kraftfahrer und Richtschützen fast unerträglich war und schnell die Grenze des Zumutbaren erreichte. Die Nachrüstungen der Industrie und die durch die Marder-Besatzungen vorgenommenen Umbauten konnten diese Situation nur eingeschränkt verbessern.

Nichtsdestotrotz operierte unsere Kompanie bereits nach wenigen Tagen auch während der Mittagshitze im südlichen Distriktteil und begann mit ersten Patrouillen im nördlichen Bereich. Jeder Zug führte innerhalb von 24 Stunden zwei mehrstündige Patrouillen zur Tages- oder Nachtzeit durch, wodurch wir zügig eine hohe Präsenz im Verantwortungsbereich erreichen konnten.

Durch eine Vielzahl von Kampfunterstützungskräften wuchs die Kompanie im Felde zeitweise auf 250 Soldatinnen und Soldaten auf, wobei Zugführer bis zu 25 Gefechtsfahrzeuge samt ihren Besatzungen führten. Durch diese umfangreichen Unterstützungsleistungen war es zum einen möglich, die verstärkten Züge im stetigen Wechsel in unterschiedlichen Gebieten patrouillieren zu lassen und damit eine fast ununterbrochene Raumpräsenz in Chahar Darreh zu gewährleisten. Zum anderen konnte die Kompanie immer mit sichtbarer Kampfkraft auftreten und dadurch einen entsprechenden Eindruck bei der Bevölkerung und beim Gegner erzeugen.

Bereits während unserer zweiten Raumverantwortung verlagerte sich der Schwerpunkt der Operationsführung in den nördlichen Teil des Distriktes. Wir patrouillierten inzwischen routinemäßig in südlichen Ortschaften wie Isa Khel, Quatliam oder Haji Amanulla, die von unseren Vorgängerkontingenten noch als »Raketendörfer« bezeichnet wurden und in denen es vor wenigen Monaten unweigerlich zu Gefechten mit Aufständischen gekommen wäre. Auch während unserer ersten Patrouillen im nördlichen Chahar Darreh blieben die erwarteten Angriffe zunächst aus, was uns dazu veranlasste, die Patrouillenfrequenz weiter zu erhöhen und die »Security Bubble« kontinuierlich in Richtung Norden auszudehnen.

Schon bald hatten wir in wichtigen Ortschaften wie Nahr-i-Sufi, Sujani oder Qara Yatim gute Verbindungen zur Bevölkerung hergestellt und weitere Puzzleteile zur Vervollständigung des Lagebildes generiert. Zudem hatten wir vorsichtig erste Patrouillen in die Randbereiche eines Ortes durchgeführt, der zusehends in unseren Fokus geriet: Nawabad. Diese Stadt mit ihren geschätzten 10.000 bis 15.000 Einwohnern galt in den Sommermonaten des Jahres 2011 als Hochburg der Aufständischen. Mehrere IED-Funde sowie Informationen aus dem Militärischen Nachrichtenwesen verrieten uns, dass wir hier alles andere als willkommen waren. Allerdings war Nawabad die größte Siedlung im gesamten Chahar Darreh und konnte von uns in keinem Falle ignoriert werden. Im Gegenteil, gerade hier bot sich das Potenzial, eine echte Wende im Distrikt herbeizuführen.

Nach einigen Tages- und Nachtpatrouillen durch einzelne Teileinheiten der Kompanie und unzählige Aufklärungsflüge durch Drohnen war es an der Zeit für die ersten mehrtägigen Kompanieoperationen. Dazu hatten wir uns eine besondere Taktik überlegt: Wir würden nicht, wie bisher, von außen nach Nawabad hinein patrouillieren, sondern unsere Gefechtsstände inmitten der Ortschaft errichten und somit aus dem Ortskern heraus operieren. Hierfür richteten wir uns gemeinsam mit den afghanischen Sicherheitskräften in mehreren Gehöften innerhalb Nawabads zur Verteidigung ein und führten aus diesen »Safe Houses« Patrouillen in alle Bereiche der Stadt durch. Lediglich ein Zug blieb immer im angrenzenden Wüstenplateau Westplatte stationiert, um im Bedarfsfalle als Reserve eingesetzt werden zu können.

Dieses Vorgehen, das wir im Laufe unseres Einsatzes mehrfach wiederholten und zunehmend intensivierten, bot gleich mehrere Vorteile: Zum einen war es uns durch die stetige Präsenz innerhalb Nawabads möglich, einen kontinuierlichen Austausch mit der Bevölkerung zu kultivieren. Es gab dabei kaum zeitliche Einschränkungen für Patrouillen, wie sie ansonsten

46

durch die begrenzte Verfügbarkeit von Helikoptern, Drohnen oder Kampfjets gegeben waren. Unsere ununterbrochene Anwesenheit konnte zudem das Sicherheitsgefühl der Bevölkerung erhöhen, da die Gefahr von Repressalien durch Aufständische sank. Weiterhin war es uns möglich, ohne erkennbare Vorbereitung zu jeder Uhrzeit Patrouillen in alle Bereiche Nawabads durchzuführen. Diese Unberechenbarkeit machte es den Feindkräften schwierig, sich auf uns einzustellen und mögliche Gegenmaßnahmen zu ergreifen.

Das ließ die Aufständischen nicht unbeeindruckt: Sie wagten sich in Nawabad zu keinem Zeitpunkt in ein offenes Gefecht, erschwerten uns das Leben aber immer wieder mit der Verbringung improvisierter Sprengfallen. Wir konnten viele dieser Sprengsätze finden. In keinem Falle wurden Kompanieangehörige durch sie verwundet oder gar getötet.

Der durch diese Art der Operationsführung erzeugte Druck bewirkte nach einigen Wochen zudem etwas, das in einer Titelgeschichte der US-Zeitung »Stars and Stripes« als »Squeeze Effect« bezeichnet wurde und uns durch das Militärische Nachrichtenwesen bestätigt werden konnte: ein massenhaftes Ausweichen der Feindkräfte in den Nachbardistrikt. Das war einer der größten Erfolge während unserer Einsatzzeit. Der weitere Weg in den Norden Chahar Darrehs war bereitet. Am Ende unseres Einsatzes hatten wir in fast allen der über siebzig Ortschaften des Distrikts mehrere Patrouillen durchgeführt und Verbindungen zur Bevölkerung aufgebaut. Nur ein einziges Mal gerieten Teile der Kompanie dabei in ein Feuergefecht. Ein anderes Mal detonierte ein Sprengsatz inmitten einer Zugpatrouille. Demgegenüber stehen die Funde von etlichen improvisierten Sprengfallen und die Beseitigung von unzähligen Blindgängern und Munitionsschrott.

Hinzu kommt die Positivbilanz unserer Schwester-kompanie, die während unserer Regenerationszeit regelmäßig in Chahar Darreh operierte und mit der wir unter Führung des Bataillonskommandeurs gemeinsam Task Force-Operationen durchführten.

Dazu zählt etwa die Operation »Desert Dragon« im November und Dezember 2011: IED-Strikes gegen deutsche Kräfte der Task Force Mazar-E-Sharif mit insgesamt drei Verwundeten sowie zahlreiche IED-Funde im eigenen Verantwortungsbereich zeigten uns, dass die Aufständischen nicht gänzlich aufgaben und von einer Winterpause auch zum Jahresende noch keine Rede sein konnte. Gemeinsam mit einem Kandak des 209. Korps der afghanischen Streitkräfte begannen wir deshalb am 30. November mit einer achttägigen Großoperation, an der über 950 afghanische, belgische und deutsche Soldaten und Polizisten beteiligt waren. Ziel war es, massive Präsenz im Norden des Distriktes zu zeigen, um damit die letzten Aufständischen aus ihren Strongholds zu vertreiben, die Region nachhaltig zu stabilisieren und die afghanischen Sicherheitskräfte weiter zur Übernahme ihrer selbsttragenden Sicherheitsverantwortung zu befähigen.

Unsere Kompanie war dabei im Schwerpunkt der Task Force eingesetzt und hatte den Auftrag, die afghanische Armee in drei Operations-Boxen zu verstärken: Der Infanteriezug Alpha führte ein mehrtägiges Kampfmittelaufklärungsverfahren im Zuge einer wichtigen Verbindungsstraße durch, während sich der Infanteriezug Bravo in einem Außenposten im äußersten Nordwesten Chahar Darrehs einrichtete und von dort aus operierte. Der Panzergrenadierzug Charlie bezog in bewährter

Weise »Safe Houses« innerhalb Nawabads. Unseren Kompaniegefechtsstand errichteten wir auf dem Observation Post Munster, einer überhöhten Stellung mit weitreichenden Beobachtungsmöglichkeiten am Rande des Quri Taph-Gebirges.

Während »Desert Dragon« wurden zahlreiche Hausdurchsuchungen durchgeführt und dabei ein Taliban-Führer der mittleren Ebene festgenommen. Zudem spürte der Alpha-Zug zwei IEDs mit jeweils 30 Kilogramm Sprengladung sowie mehrere Kampfmittel auf. Die Offensive war die letzte große Operation unserer Task Force in Kunduz. Mit ihr konnten wir die während unserer Einsatzzeit erzielten Raumgewinne verstetigen. Am Kontingentende zu Beginn des Jahres 2012 war im gesamten Distrikt Chahar Darreh eine weitgehende Bewegungsfreiheit hergestellt.

4.3   Einsatzresümee

Zur taktischen Bilanz der Task Force Kunduz III zählen u.a. deutliche Fortschritte bei der Wahrnehmung der Sicherheitsverantwortung durch die afghanischen Sicherheitskräfte, die Schaffung von weitgehender Bewegungsfreiheit im nördlichen Chahar Darreh, das Nehmen der Ortschaft Nawabad sowie die Verhinderung der Sommeroffensive der Aufständischen in unserem Verantwortungsbereich. Aufbauend auf den Leistungen unserer Vorgänger war dafür die Professionalität unserer Soldatinnen und Soldaten und das notwendige Quäntchen Soldatenglück ausschlaggebend.

Wir sind offensiv, aber überlegt vorgegangen, haben häufig und zu unterschiedlichsten Zeiten außerhalb der Außen- und Vorposten patrouilliert und sind in die Tiefe des Raumes vorgestoßen. Mehrfach haben wir Kompanie- und Task Force-Operationen durchgeführt, bei denen Soldatinnen und Soldaten bis zu neun Tage ununterbrochen im Felde operierten. Damit haben wir den Aufständischen die Möglichkeit der Initiative genommen. Nur ein einziges Mal wurden Kräfte der 2. Kompanie in einen Feuerkampf verwickelt, ansonsten waren die Feindkräfte gezwungen, auf ihre perfide Taktik der Verbringung versteckter Sprengfallen auszuweichen. Lediglich in drei Fällen ist es ihnen gelungen, IED-Strikes gegen Kräfte der Task Force Kunduz durchzuführen: Einmal gegen Kräfte des Infanteriezugs Alpha, ein weiteres Mal gegen Kräfte des Panzergrenadierzuges Golf und ein drittes Mal gegen einen Spähtrupp der Aufklärungskompanie. Im Vergleich zu der hohen Zahl an Sprengfallen, die durch unsere eigene Truppe aufgespürt wurde, ist dies verhältnismäßig wenig.

Unsere Schützenpanzer und Gefechtsfahrzeuge waren in Chahar Darreh oft an befestigte Wege gebunden, wodurch unsere Bewegungsachsen kanalisiert wurden und die Aufständischen Vorteile in der Lageeinschätzung erlangen konnten. Wir taten alles dafür, in unserer Operationsführung möglichst keine Systematiken und Standards erkennen zu lassen und damit für unsere Gegner so unberechenbar wie möglich zu bleiben. Dieses taktische Vorgehen war für die Kräfte der Kompanie über den 200-tägigen Einsatzzeitraum enorm fordernd, da wir in permanent wechselnden Rhythmen operierten, also bspw. auch während der extremen Mittagshitze, in zerstückelten Nächten, nach sehr kurzen Ruhephasen und in ständig wechselnden Gliederungen.

Den »Geist« unserer Operationsführung haben wir während der Übergabephasen im Januar 2012 an unsere Nachfolger vermittelt und ihnen mögliche Anknüpfungspunkte aufgezeigt. Auch sie konnten sich bereits während vorangegangener Erkundungsreisen einen Eindruck von unseren Fortschritten verschaffen und ihre Einsatzvorbereitungen daran ausrichten. Wie schon 200 Tage zuvor kam es dem Task Force-Kommandeur während der Übergabe darauf an, keine erkennbare Lücke in der Operationsführung entstehen zu lassen und die neuen Kräfte zügig mit Informationen, Ausrüstung und Material auszustatten. Mitte Januar 2012 übernahm dann erstmalig eine Kampfkompanie der Task Force Kunduz IV die Raumverantwortung in Chahar Darreh. Sie war die letzte ihrer Art. Die knapp zweijährige Geschichte der Ausbildungs- und Schutzbataillone wurde mit dem Übergang in die Partnering and Advisory Task Force-Struktur ab der Jahresmitte 2012 beendet.

Das Wappen unserer Einheit: Blau ist die Farbe der 2. Kompanie, das »L« steht für die Zugehörigkeit zur Panzerlehrbrigade 9 bzw. zum Panzergrenadier-lehrbataillon 92 und der Falke symbolisiert als stolzes Tier unseren Respekt vor der afghanischen Bevölkerung und den afghanischen Sicherheitskräften.

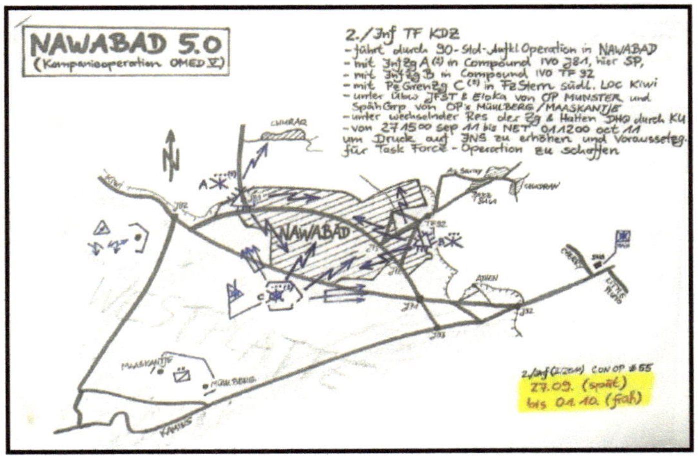

Operationsplan für »Omed V«, eine 90-stündige Kompanieoperation in Nawabad. Die drei verstärkten Züge Alpha, Bravo und Charlie umklammerten die Stadt, die im Sommer 2011 als Stronghold der Aufständischen in Chahar Darreh galt.

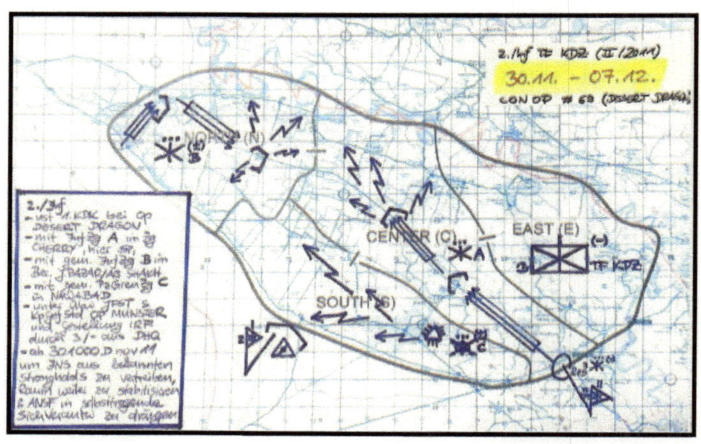

Der Operationsplan für den Anteil der 2. Kompanie an der achttägigen Task Force-Operation »Desert Dragon« im November und Dezember 2011: Der Nordteil des Chahar Darreh-Distrikts ist in vier Operations-Boxen unterteilt (Alpha-Zug in Center, Bravo-Zug in North, Charlie-Zug in South und 3. Kompanie in East).

Abgesessene belgische Mentoren unter Begleitung von Schützenpanzern des Charlie-Zuges zu Beginn einer Offensive der 2. Kompanie in Nawabad.

Die kontrollierte Sprengung eines IEDs während einer Kompanieoperation im nördlichen Teil des Distriktes Chahar Darreh, beobachtet aus einem Vorposten.

Panzergrenadiere konnten auch problemlos rein infanteristisch eingesetzt werden: Hier während einer Fußpatrouille bei sengender Hitze nördlich von Nawabad.

Eine Schafherde passiert eine Überwachungsstellung des Panzergrenadierzuges Charlie im südlichen Chahar Darreh.

Verabschiedung von Hauptmann Marcel Bohnert im Januar 2012 durch den Kommandeur der Task Force Kunduz III, Oberstleutnant Lutz Kuhn. Vor dem Ehrenhain der 2. Kompanie im Feldlager Kunduz haben die geborgenen Dingo-Türen zur Erinnerung an die Gefallenen und Verwundeten unserer Vorgänger-kontingente ihren Platz gefunden.

5 Einsatzwert von Panzergrenadieren in Afghanistan

Um den Einsatzwert von Panzergrenadieren mit dem Schützenpanzer Marder zu bestimmen, wollen wir zunächst auf die Gliederung unserer Kompanie und anschließend die Vor- und Nachteile eingehen, die sich aus unserer Sicht während des Afghanistan-Einsatzes gezeigt haben. Dabei blicken wir auch auf die Erfahrungen anderer Kontingente und betrachten neben taktischen Gesichtspunkten z.B. auch den Wert von Modifikationen unserer Schützenpanzer.

Die beiden Kampfeinheiten der Task Force Kunduz III generierten sich aus der 2. und der 3. Kompanie des Panzergrenadierlehrbataillons 92. Zu den Aufgaben der Kompaniechefs gehörte es, die Panzergrenadierkompanien etwa acht Monate vor Beginn des Einsatzes so aufzustellen, dass sie die organische Personalobergrenze von jeweils 128 Soldatinnen und Soldaten nicht überschritten. Dabei musste der Ausbildungsstand der eigenen Kräfte, die taktische Vorgehensweise unserer Vorgänger sowie das im Einsatz verfügbare Großgerät Berücksichtigung finden.

Wir verständigten uns auf eine einheitliche Gliederung: Neben zwei Infanteriezügen (Stärke: je 35 Soldaten) und einem Panzergrenadierzug (Stärke: 24 Soldaten) wurde in beiden Kompanien eine Scharfschützengruppe (Stärke: 12 Soldaten) generiert, die als viertes Manöverelement zur Verfügung stand. Die verbleibenden Soldatinnen und Soldaten wurden in der Kompanieführung eingesetzt.

Diese Gliederung hat sich in Bezug auf unsere Auftragslage in Kunduz voll bewährt. Die im Vorfeld oft geäußerte Kritik, die Panzergrenadierzüge würden auf Grund ihrer geringen Absitzstärke zu »Kanonenzügen« reduziert, hat sich in unserem Einsatz in keiner Weise bestätigt. Statt der üblichen neun hatten wir lediglich sechs Soldaten je Schützenpanzer ausgeplant. Der Vorteil einer durch die ausreichende Möglichkeit zur Unterbringung von Ausrüstung, Munition und Versorgungsgütern erzielten höheren Durchhaltefähigkeit der Schützenpanzerbesatzungen hat unserer Ansicht die potenziellen Nachteile klar überwogen und den Einsatzwert des Panzergrenadierzuges insbesondere bei mehrtägigen Operationen sogar noch erhöht.

Dennoch war die Verkleinerung der Infanteriezüge um je eine Gruppe und das Verstärken der Schützenpanzerbesatzungen durch zwei Infanteriefahrzeuge – zur Erhöhung der Absitzstärke – eine gelegentlich genutzte Möglichkeit des Handelns. Ebenso konnten Infanteriezüge mit Schützenpanzern verstärkt werden, um sie mit weitreichenden Waffen und entsprechender Feuerkraft auszustatten. Um die volle Leistungsfähigkeit der Teileinheiten zur Geltung zu bringen, blieb ihr »Zerreißen« jedoch die Ausnahme. Lagebezogen hat sich zudem der gemeinsame Einsatz des Panzergrenadierzuges mit Scharfschützen oder Pionierkräften angeboten.

Einer der großen Vorteile des Einsatzes von Schützenpanzern in Afghanistan war ihre psychologische Wirkung – auf die Bevölkerung, die gegnerischen Kräfte sowie unsere alliierten und afghanischen Verbündeten. Sie konnten als überzeugendes Argument unseres Willens zum Kampf gegen die Aufständischen und zum Schutze der Einheimischen verstanden werden. Aufständische konnten schon im Rahmen der »Show of Force« durch Ketten- und Motorengeräusche auf große Entfernungen eingeschüchtert werden. Wie die Gefechtsberichte unserer Vorgängerkontingente zeigen, hatten sie die Reichweite und die Feuerkraft der Bordwaffen, die Panzerung und die Beobachtungsmöglichkeiten der Schützenpanzer anfangs zudem vollkommen unterschätzt.

Wir setzten den Panzergrenadierzug häufig zur Überwachung anderer Teileinheiten aus erhöhten Stellungen ein, wodurch gegnerischen Kräften ganz sicher ein imposantes Bild geboten wurde. Seine Wirkung auf die Kampfmoral der überwachten oder anderweitig unterstützten Truppenteile kann ebenfalls nicht hoch genug eingeschätzt werden. Die Kombination aus Feuerkraft, Panzerung und Beweglichkeit war eine Eigenschaft, die sich auch am Hindukusch sehr schnell bezahlt gemacht hat. In unwegsamem Gelände sicherten die Schützenpanzer immer ein schnelles Vorankommen. Durch die Reduzierung der Panzerbesatzungen auf sechs Soldaten wurde viel Stauraum geschaffen, der es uns ermöglichte, den Panzergrenadierzug bis zu acht Tage völlig autark und ohne Anschlussversorgung im Felde einzusetzen.

Während die 5,56- bzw. die 7,62 Millimeter-Munition der Handwaffen von afghanischen Lehmmauern regelrecht aufgesogen wurden, konnten die Geschosse der 20 Millimeter-Bordmaschinenkanone und der Panzerabwehrlenkwaffe Milan sie ohne größere Probleme durchschlagen. Zudem war der Schützenpanzer selbst in der Lage, Mauern zu durchbrechen und Zugänge zu schaffen, die später von Infanteristen und anderen Gefechtsfahrzeugen genutzt werden konnten. Der »über Luke« befindliche Schützentrupp war zudem zur Beobachtung und Wirkung in einem 360 Grad-Bereich befähigt, was gerade in der diffusen Bedrohungslage Afghanistans einen entscheidenden Vorteil darstellte.

Durch improvisierte Modifikationen hatten wir die Marder mit Sandsäcken, Jute und Hesco-Gitterkörben zu fahrenden Kampfständen ausgebaut, die der Besatzung ausreichenden Schutz und Wirkungsmöglichkeiten für ihre Handfeuerwaffen und ihre Kampfmittel boten. Im Straßenmarsch hielt der übrige Verkehr – anders als bei Radfahrzeugen – einen deutlichen Abstand zu unseren Schützenpanzern, was einen zusätzlichen Schutz vor Unfällen und gegen Selbstmordattentäter darstellte. Zu guter Letzt haben sich auch die Überschreit- und Tiefwatfähigkeit sowie die Fähigkeit zur Gewässerüberquerung des Marders bewährt. Gräben, Furten, Mauern und Wüstensand stellten für die Marder kaum eine Herausforderung dar. Panzergrenadiere konnten bspw. den Kunduz-River regelmäßig an Stellen überwinden, an denen die auf den Transportpanzern Dingo oder Fuchs eingesetzten Infanteristen der Kompanie größere Schwierigkeiten hatten.

Ein Nachteil des Einsatzes der Schützenpanzer war zunächst, dass einige Wege und Straßen in der Kunduz-Provinz durch sie nicht befahrbar waren. Enge Gassen zwischen Lehmmauern und instabile Brücken machten eine sorgsame Planung von Operationen und die genaue Auswertung von Luftbildern und Drohnenaufnahmen unerlässlich. Hin und wieder setzten wir bei Operationen auch Panzerschnellbrücken vom Typ Biber ein, um die Tragfähigkeit der lokalen Übergangsstellen nicht zu überschreiten.

Die afghanischen Witterungs- und Gelände-bedingungen haben Menschen und Material zudem eine enorme Belastbarkeit abverlangt. Die Situation wurde durch die Verkleinerung der Fahrzeugbesatzungen etwas erträglicher, aber die Innenraumtemperaturen von bis zu 80 Grad Celsius verlangten insbesondere von den Kraftfahrern und Richtschützen ein gewaltiges Leistungs- und Durchhaltevermögen. Ohne Anzugserleichterungen im Innenraum, die gleichzeitig eine höhere persönliche Gefährdung dieser Soldaten mit sich gebracht hat, wäre niemand im Stande gewesen, diesen Auftrag auszuführen. Die nachgerüstete Raumkühlanlage war zwar zweckmäßig, ist auf den Fahrzeugen jedoch immer wieder ausgefallen und war dadurch kaum eine Hilfe. Zudem schränkte sie die Watfähigkeit des Marders ein, was wiederum bei der Operationsplanung berücksichtigt werden musste. Die hohen Außentemperaturen führten darüber hinaus gerade in den Sommermonaten häufiger zu Ausfällen von Schützenpanzern, da die Kühlsysteme der Motoren nicht für die wüstenartigen Verhältnisse konzipiert wurden und sich z.B. Schwierigkeiten mit geplatzten Kühlschläuchen ergaben.

Die offiziellen Kampfwertsteigerungen, selbstgebaute Kampfstände und die weiteren Modifikationen waren für die Auftragserfüllung unerlässlich – sie erhöhten allerdings auch das Gefechtsgewicht der Schützenpanzer beträchtlich. Das führte zum einen dazu, dass es in Phasen mit einer hohen Auftragsdichte notwendig war, die Kettenpolster schon nach wenigen Tagen vollständig auszuwechseln. Der Verschleiß der Ketten und des Stützrollenlaufwerkes war außergewöhnlich hoch. Zum anderen schränkten die Aufbauten und die zahlreichen Ausrüstungsgegenstände den Minenschutz erheblich ein. Es war unmöglich, den Stauraum so zu nutzen, dass bei einem IED-Strike nicht Waffen, Munition und andere Materialien zu gefährlichen Geschossen geworden wären. Dieses Risiko mussten wir allerdings in Kauf nehmen.

Wir hatten zu Beginn unseres Einsatzes nagelneue modifizierte Schützenpanzer Marder 1A5A1 aus dem Depot in Kunduz erhalten und uns ad hoc Gedanken zur Vorbereitung der Gefechtsfahrzeuge gemacht. Dabei mussten wir viele Faktoren berücksichtigen: Vom Kampf über die Bordwand, die Aufbewahrung und Unterbringung der kompletten Kampfbeladung, die Erreichbarkeit von Kampfmitteln und Munition oder die Mitnahme von Feldbetten über Optionen zur zügigen Vorbereitung des Bergens, den Sonnen- und Witterungsschutz, die Verstauung von Gasflaschen, Töpfen, persönlicher Ausrüstung und Zusatzgeräten wie der taktischen Helikopterdrohne Mikado bis hin zur Versorgung mit Wasser und Verpflegung oder die Möglichkeit, seine Notdurft zu verrichten. Jeder noch so kleine Platz musste genutzt und insbesondere das Innere der Fahrzeuge genau geplant werden, um durchhaltefähig zu sein und dabei den Minenschutz noch bestmöglich gewährleisten zu können.

Zudem ist anzumerken, dass die Optiken des Schützenpanzers nur von begrenztem Nutzen waren. Sowohl das Wärmebildgerät als auch das Peri-Z11 sind veraltete und ermüdende Beobachtungseinrichtungen, die lediglich eine geringe Vergrößerung ermöglichten und die Richtschützen gerade bei nächtlichen Überwachungs- und Sicherungsaufträgen mitunter über Stunden in eine unbequeme und anstrengende Körperhaltung zwangen.

Bei der Abwägung der angeführten Argumente für und gegen den Einsatz von Schützenpanzern in Afghanistan und mit Blick auf die Erfahrungen von

Gefechtsverbänden zeigt sich dennoch, dass ihr Einsatz äußerst gewinnbringend war und der Marder sich insgesamt sehr gut bewähren konnte. Mit seiner Bewaffnung und seinem martialischen Erscheinungsbild hat er der kämpfenden Truppe in Kunduz ab 2009 genau das gegeben, was sie dringend benötigte.

Nicht nur die Erfahrungen aus unserem Einsatzkontingent haben bewiesen, dass der Marder vielseitig eingesetzt werden konnte, eine hohe Durchhaltefähigkeit gefördert hat und die Kampfkraft der Truppe deutlich erhöhte. Gut ausgebildete Panzerbesatzungen mit langjähriger Erfahrung beherrschten das Fahrzeug und verstanden es, das System auf das besondere Umfeld in Afghanistan anzupassen und bei kleineren technischen Ausfällen selbst Hand anzulegen. Damit konnte die Einsatzbereitschaft ihrer Einheiten und Teileinheiten trotz widriger Umstände aufrechterhalten werden. Ein System mit komplizierterer Technik und Elektrik hätte möglicherweise auch zu höheren Ausfallraten und weiteren Einschränkungen geführt. Die Vorteile aber haben die angeführten negativen Aspekte unserer Ansicht nach beträchtlich überwogen.

Ein bisher nur zwischen den Zeilen erwähnter Vorteil des Einsatzes von Panzergrenadieren in Afghanistan war außerdem, dass sie nicht nur den aufgesessenen Kampf mit ihrem Schützenpanzer verstanden, sondern auch rein infanteristisch eingesetzt werden konnten. Die Koordination von auf- und abgesessenen Kräften ist eine der Kernkompetenzen von Panzergrenadieren und so stellte auch die Einbindung von zahlreichen Kampfunterstützungskräften für uns weder auf Kompanie- noch auf Zugebene ein ernsthaftes Problem dar.

Das Verständnis des auf- und abgesessenen Zusammenwirkens im Verbund mit anderen Kräften war im Afghanistan-Einsatz überlebenswichtig – sei es mit Pionieren, Artilleristen, Drohnencrews, Sanitätern, Female Engagement Teams oder dem Route Clearance Package. Es lässt sich aus diesen Erfahrungen sogar schlussfolgern, dass die Panzergrenadiertruppe in asymmetrischen und irregulären Konflikten die Truppengattung der Bundeswehr mit dem höchsten Einsatzwert ist.

Ein Schützenpanzer Marder des Charlie-Zuges auf Patrouillenfahrt in Kunduz im September 2011. Eine Viehherde wurde durch das gepanzerte »Ungetüm« aufgeschreckt und wird durch die jungen afghanischen Hirten wieder zusammengetrieben.

Operationspause: Die Angehörigen des Panzergrenadier-zuges Charlie warten in einem Außenposten auf weitere Befehle ihres Zugführers.

Die Soldaten des Panzergrenadierzuges haben sich auf den hinteren Kampfräumen ihrer Schützenpanzer Marder Kampfstände errichtet und sie damit zu rollenden Festungen ausgebaut.

Extreme klimatische Bedingungen zeigten sich in unserer Einsatzzeit in allen Facetten: Ein Schützenpanzer Marder im Schnee beim Wintereinbruch in Kunduz im November 2011.

Kampf gegen Staub und Hitze: Blick aus dem hinteren Kampfraum eines Schützenpanzers während einer Kompanieoperation in Kunduz 2011.

Hauptfeldwebel Andy Neumann als Zugführer des Panzergrenadierzuges Charlie in der 2. Kompanie der Task Force Kunduz III.

Im unwegsamen Umfeld Afghanistans konnte sich der geländegängige Schützenpanzer Marder ausgesprochen gut bewähren. Sein zusätzliches Gefechtsgewicht ließ ihn aus der Ferne betrachtet hinten allerdings ein wenig »in die Knie« gehen.

Rollende Kampfstände: Einige Modifikationen des Schützenpanzers Marder in Afghanistan waren improvisiert und wurden durch die Truppe selbst vorgenommen.

Jeder Schützentruppsoldat konnte seinen Kampfstand auf dem Marder in Bezug auf die Gewehrauflage sowie die Anordnung von Kampfmitteln und Munition individuell einrichten.

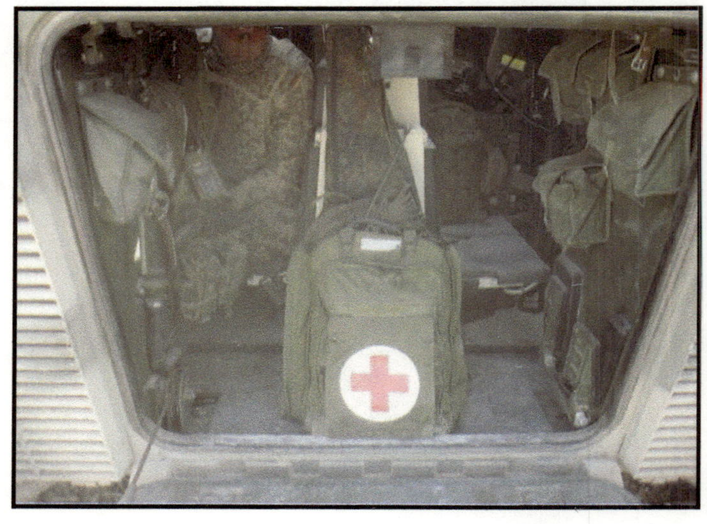

Kreativität und Improvisation: Um Platz für die unentbehrlichen Sanitätsrucksäcke zu schaffen, haben die Soldaten die Truppführersitze auf allen Schützenpanzern des Charlie-Zuges ausgebaut.

Um Gewehrauflagen, Deckungen und weiteren Stauraum auf den Schützenpanzern zu schaffen, wurden Hesco-Gitter zurechtgeschnitten, fest mit dem Marder verbunden, teils mit Sandsäcken befüllt und anschließend mit Jute-Stoff verkleidet.

Im Zusammenwirken mit der Infanterie konnten Panzergrenadiere auf dem Schützenpanzer Marder auch in Afghanistan ihren höchsten Gefechtswert entfalten.

6 Unser Vermächtnis

Über 200 Tage als Kampfeinheit in Kunduz haben bei uns einen Prägestempel wie keine andere Etappe unserer militärischen Laufbahn hinterlassen. Wir haben unsere Soldatinnen und Soldaten in einer Region geführt, die vom Stern-Magazin als »Deutschlands letzter Vorposten« bezeichnet wurde. Als Panzergrenadiere sind wir Teil der Kampftruppen der Bundeswehr – eine besondere Ehre und Belastung zugleich.

Wir wurden durch unseren Kommandeur mit dem bewährten Prinzip der Auftragstaktik geführt und haben auch unseren Männern und Frauen den Raum gegeben, ihr Potenzial und ihre Kreativität innerhalb der durch uns gesteckten Grenzen zu entfalten. So konnten wir eine starke Kampfgemeinschaft formen und letztlich als Kompanie bestehen. Durch gemeinsam erlebte Strapazen hat sich zwischen uns und unseren Soldatinnen und Soldaten eine tiefe Verbundenheit und ein enges Vertrauensgefühl eingestellt – echte Kameradschaft, die auch Jahre später noch spürbar ist.

Natürlich hat sich auch bei uns nach der Rückkehr in die Heimat die Frage gestellt, was unser Engagement in Kunduz am Ende gebracht hat. Die Sinnfrage stellte sich erneut, als Afghanistan knapp zehn Jahre nach unserem Einsatz zurück in die Hände der Taliban fiel.

Trotz aller Verbundenheit mit dem Land, seinen Menschen und den afghanischen Partnern haben viele von uns inzwischen einen pragmatischen Blick auf unsere gemeinsame Zeit am Hindukusch: Als Teil der Bundeswehr gehören wir zur Exekutive unseres Staates. Das Parlament hat die Beteiligung an der NATO-Mission auf Grund politischer Erwägungen beschlossen und wir wurden durch unsere militärische Führung 200 Tage lang für die Sicherheit in einem Unruhedistrikt verantwortlich gemacht. Diesen Auftrag haben wir sehr ernst genommen und ihn mit all unserer Kraft und unserem Können erfüllt. Die Mission ist strategisch und politisch gescheitert – die Soldatinnen und Soldaten in den staubigen Vorposten und Kampfgräben Afghanistans tragen daran keine Schuld. Das mag ein schwacher Trost sein, aber diese Perspektive trägt zum Erhalt unserer soldatischen Professionalität bei.

Wenn man nach einem greifbaren Nachlass unserer Einsatzzeit fragt, gibt es zwei Relikte, die tatsächlich als Vermächtnis unserer Kompanie bezeichnet werden können. Sie beide erinnern an den 9. September 2011, den Tag unserer »Operation Tür« in Isa Khel.

Zum einen haben die während der Operation geborgenen Dingo-Türen inzwischen eine längere Reise hinter sich: Wie zu Beginn dieses Buches beschrieben, wurden sie nach der Zerstörung des Gefechtsfahrzeuges während des Karfreitags-gefechtes im April 2010 in ein Flussbett eingelassen und durch Einheimische zur Kanalisierung des Wasserlaufes genutzt. Nach ihrer Bergung und der Verbringung ins Feldlager Kunduz fanden sie ihren Platz am Ehrenhain der 2. Infanteriekompanie, die bis zu diesem Zeitpunkt insgesamt sieben gefallene deutsche Soldaten zu beklagen hatte. Mit dem Abzug der Alliierten aus Kunduz und der Räumung des Stützpunktes wurden sie 2013 in das Fallschirmjägerregiment 31 im niedersächsischen Seedorf überführt. Dort waren sie zunächst an einem Ehrenhain unter freiem Himmel positioniert. Um sie vor Witterungseinflüssen zu schützen, wurden sie nach der Eröffnung des Traditionsgebäudes in Seedorf in den dortigen Eingangs-bereich verlegt.

Ende September 2022 wurde eine der Dingo-Türen als Exponat in die Sonderausstellung »Die Bundeswehr in der Ära Merkel. Krieg und Frieden 2005-2021« im Militärhistorischen Museum der Bundeswehr in Dresden aufgenommen. In einem in der Ausstellung gezeigten Interview schildert Oberstabsfeldwebel Philipp Engels, der sich im Fallschirmjägerregiment für die Traditionshalle verantwortlich zeichnet, wie herausfordernd es war, die Tür als Leihgabe an das Museum zu überstellen. Sie seien „in diesem Verband emotional fest verankert" und für seine Angehörigen „elementar wichtig".

Eine schönere Bestätigung für die Bedeutung unserer Operation können wir uns kaum vorstellen. Die Türen gelten bei den Fallschirmjägern als Symbol für die Härte des Kampfeinsatzes in Afghanistan, werden in der soldatischen Ausbildung genutzt und sind offenkundig ein geschätztes Erinnerungsstück, das nachfolgende Soldaten-generationen an die Verbandshistorie erinnert und ihnen die Ernsthaftigkeit des militärischen Dienstes immer wieder vor Augen führt.

Der bisherige Weg der Türen zeigt zudem, dass die Operation bereits zu einem kleinen, wenn auch eher informellen Teil der Erinnerungskultur in der Bundeswehr geworden ist. Letztlich werden immer andere den symbolischen und vielleicht sogar ihren militärhistorischen Wert bemessen. Für uns war die Operation eine Selbstverständlichkeit. Sie erscheint erst in der Nachbetrachtung als etwas, das sich grundsätzlich von unserer tagtäglichen Operationsführung im Chahar Darreh-Distrikt unterschied. Interessanterweise prognostizierte einer der Impulsgeber der »Operation Tür«, der damalige Führer unseres Infanteriezuges Bravo, Hauptfeldwebel Andreas Kaitschick, schon im September 2011, dass die Bergung der Türen wohl zu den wenigen Dingen gehören wird, an die man sich auch lange nach Ende unseres Einsatzes noch erinnern wird.

Heute blicken wir und die Soldatinnen und Soldaten unserer damaligen Kompanie mit Stolz darauf, dass wir einen kleinen Teil dazu beitragen konnten, dass die Erinnerung an das bislang schwerste Gefecht der Bundeswehr und seine Opfer erhalten bleibt. Dass eine der Türen heute im Militärhistorischen Museum besichtigt werden kann und für politische Bildungen, zur Aufklärung über den Afghanistan-Einsatz und damit auch zur Verankerung der Mission im kulturellen Gedächtnis unseres Landes genutzt wird, empfinden wir als Wertschätzung und Privileg.

Inzwischen hat darüber hinaus noch ein weiteres Exponat unseres Einsatzes seinen Weg in das Militärhistorische Museum der Bundeswehr gefunden: Hauptfeldwebel Michael Falkner, der unsere Task Force 2011 in der Elektronischen Kampfführung unterstützt hatte, entdeckte das am Tag der »Operation Tür« angesprengte Aufklärungsfahrzeug vom Typ Enok an der Technischen Schule des Heeres in Eschweiler hinter einer Ausbildungshalle. Durch sein persönliches Engagement gelang im Mai 2024 eine Überführung des Patrouillenwagens nach Dresden, wo er nun einen würdigen Platz in themenbezogenen Ausstellungen des Museums finden wird.

Eine Besucherin betrachtet im Februar 2023 eine während der »Operation Tür« geborgene Dingo-Tür als Teil einer Sonderausstellung im Militärhistorischen Museum der Bundeswehr.

Das während der »Operation Tür« angesprengte Aufklärungsfahrzeug vom Typ Enok bei seiner Verladung an der Technischen Schule des Heeres am 27. Mai 2024. Mit einem Schwerlasttransporter wurde es anschließend an das Militärhistorische Museum der Bundeswehr überführt.

7 Ausblick

Die Afghanistan-Mission war der größte, teuerste und opferreichste Einsatz der internationalen Staatengemeinschaft seit Ende des Zweiten Weltkrieges. Insgesamt haben über 90.000 Bundeswehrangehörige ihren Dienst am Hindukusch geleistet. Mit bis zu 5.500 Soldatinnen und Soldaten, die zeitgleich im Einsatzland dienten, war die Bundeswehr der drittgrößte Truppensteller in Afghanistan – das hat die Truppe innerhalb weniger Jahre enorm geprägt und verändert.

Die aufeinanderfolgenden Phasen des ISAF-Einsatzes deutscher Kräfte lassen sich in die Helfer-, die Opfer- und die Kämpferzeit unterteilen. Diese Kategorien sind kontrastverschärft, machen aber deutlich, dass unsere Streitkräfte mit einer Vielzahl neuer Anforderungen und Szenarien konfrontiert wurden und sie in vielen Bereichen schmerzhafte Lernprozesse durchliefen. Unsere Soldatinnen und Soldaten haben sich in Afghanistan im gesamten Spektrum möglicher Aufgaben bewährt. Sie sahen sich mit immer neuen Herausforderungen konfrontiert, die sich sowohl auf das im Ausland vorherrschende Normen- und Wertesystem, die eigene hybride Rolle als Aufbauhelfer, Vermittler und Kämpfer, als auch die schwierige Rückkehr in das heimatliche Umfeld beziehen können.

Neben vielen Verbesserungen im Bereich der Ausrüstung, der Struktur und der Versorgung von Verwundeten, Traumatisierten und Hinterbliebenen haben sich auch auf binnenkultureller und sozialer Ebene eine Reihe positiver Entwicklungen vollzogen: Gemeinsam durchlebte Strapazen und Extremerfahrungen haben eine selbstbewusste und mündige »Generation Einsatz« hervorgebracht, die junge Soldatinnen und Soldaten prägt und den Grundstein für die Entwicklung einer eigenen Veteranenkultur gelegt hat.

Dass der Schützenpanzer Marder im Afghanistan-Einsatz eine Renaissance erleben wird, hatten ihm Viele nicht mehr zugetraut. Er drohte schon als Relikt des Kalten Krieges in Verruf zu geraten, bevor in der ISAF-Mission belegt werden konnte, dass er bis zur vollumfänglichen Einführung seines Nachfolgers ein bewährtes, kampftaugliches und zuverlässiges Waffensystem mit einem hohen Einsatzwert bleiben wird.

Inzwischen hat bereits eine neue Generation von Schützenpanzern Einzug in die Bundeswehr gehalten: 350 Systeme des Typs Puma wurden in den letzten Jahren an die Truppe ausgeliefert und eingesetzt. Als erste Einheit der Panzergrenadiertruppe wurde unsere damalige Kompanie, die 2./Panzergrenadierlehrbataillon 92 im Jahre 2015 vollständig mit dem Puma ausgestattet und erhielt als »Versuchskompanie« den Auftrag, an der Überprüfung von Einsatzgrundsätzen mitzuwirken und technische Neuerungen zu erproben. Seine Einsatztauglichkeit konnte der Puma zuletzt im Rahmen einer multinationalen Battle Group der »Enhanced Vigilance Activities« in der Slowakei belegen. Der Kauf weiterer Systeme ist geplant. Im aktuellen Zielbild des Deutschen Heeres ist bis 2029 ein Aufwuchs auf knapp 440 Schützenpanzer Puma vorgesehen.

Es war von Beginn an klar, dass die Leistungsparameter des Pumas die des Marders hinsichtlich der Führungsfähigkeit, des Schutzes, der Mobilität und der Feuerkraft deutlich übertreffen. Seine technologischen Voraussetzungen wappnen ihn für die digitalen Schlachtfelder der Zukunft. Auch wenn es bei den zwischenzeitlich eingeleiteten Nachrüstungen und Software-Updates zum Erreichen der vollen Einsatzreife des Pumas bereits zu Verteuerungen und zeitlichen Verzögerungen kommt: Damit wurde nun nach über 50 Jahren wohl tatsächlich das schrittweise Ende der erfolgreichen Geschichte des Schützenpanzers Marder in der deutschen Panzergrenadiertruppe eingeleitet.

Wie schnell die Bundeswehr jedoch in Gänze auf ihn verzichten kann, ist derzeit nur schwer abschätzbar. In einem anderen Konflikt erlebt der Marder unterdessen nämlich eine erneute Renaissance: Der »Panzerkrieg« und die Bedrohung durch konventionelle Streitkräfte sind nach vielen Jahren des Friedens wieder nach Europa zurückgekehrt. Russlands Angriff auf die Ukraine im Februar 2022 hat das globale Sicherheitsgefüge verschoben und eine Zeitenwende ausgelöst, deren langfristige Auswirkungen noch immer nicht vollumfänglich absehbar sind. Der deutsche Bundespräsident hat die neue Situation als Epochenbruch bezeichnet und damit verdeutlicht, dass es sich um eine einschneidende, alle Bereiche unseres Lebens betreffende Zäsur handelt.

Anders als der Afghanistan-Einsatz beeinflusst der Krieg in der Ukraine den Alltag in Deutschland, etwa durch Flüchtlingsströme, eine permanente mediale Berichterstattung, Preissteigerungen, militärische Großübungen und umfassende Investitionen in den Rüstungssektor. Zudem sind wir in zunehmendem Maße Cyberangriffen, Sabotage, Spionage und Desinformationskampagnen ausgesetzt. Während die Auslandseinsätze der vergangenen Jahrzehnte weitgehend außerhalb der deutschen Lebensrealität stattgefunden haben, sind die Auswirkungen für Einzelne nun unmittelbar spürbar. Das hat in der Bevölkerung auch zu einem Umdenken in Bezug auf die Bedeutung der Bundeswehr geführt. Viele Deutsche leben mit der Angst vor einer Ausweitung des Krieges. Die Notwendigkeit eines wehrhaften Staates und der existenzielle Ernst des Soldatenberufes sind vielen Menschen wieder gegenwärtig.

Der Rüstungskonzern Rheinmetall begann einige Monate nach der russischen Invasion Schützenpanzer Marder aus Überschussbeständen der Bundeswehr anzukaufen und für den Einsatz durch ukrainische Streitkräfte vorzubereiten. Die Bundesregierung hatte Anfang 2023 zunächst die

Lieferung von 40 Schützenpanzern Marder 1A3 in die Ukraine angekündigt. Sie kamen im August 2023 während einer Gegenoffensive im Südosten des Landes erstmals zum Einsatz. Im September 2023 wurde die Lieferung weiterer 40 Schützenpanzer vereinbart und weitere 20 wurden Anfang 2024 zugesagt. Inzwischen befindet sich eine dreistellige Zahl an Mardern in der Ukraine. Sie waren auch beim spektakulären Durchbruch der ukrainischen Streitkräfte im Juli 2024 auf russisches Staatsgebiet im Raum Kursk eingesetzt.

Daneben sind auch andere westliche Schützenpanzer wie der Bradley der US-Streitkräfte und schwedische SV-90, gepanzerte Infanterie-Transporter wie der Stryker und die M113 sowie Kampfpanzer vom Typ Leopard, Abrams oder Challenger in der Ukraine im Einsatz. In vielen Regionen ist der Krieg inzwischen in einen weitgehend statischen, infanterielastigen Ab-nutzungskampf übergegangen. Kontinuierliche westliche Waffen- und Munitionslieferungen erhöhen die Chance, dass die Ukrainer entscheidende Durchbrüche durch die gut ausgebauten russischen Verteidigungslinien erzielen. Absehbar wird deshalb auch die ukrainische Marder-Flotte noch weiterwachsen.

Durch die allgemeine Re-Fokussierung der Bundeswehr auf die Landes- und Bündnisverteidigung rücken langwierige Großeinsätze zur Stabilisierung fragiler Staaten wie Afghanistan auf absehbare Zeit in den Hintergrund. Dennoch werden irreguläre Kriegsformen die Richtung der deutschen Sicherheits- und Verteidigungspolitik weiterhin mitbestimmen. In begrenztem Umfang werden unsere Soldatinnen und Soldaten auch künftig in internationalen Krisengebieten zur Sicherung von Handelswegen, Überwachung von Friedensabkommen oder Train-, Assist- und Advice-Missionen eingesetzt werden. Direkte Angriffe auf Bundeswehrangehörige sind dort nach wie möglich und eine latente Gefährdung durch Selbstmordattentäter sowie Innentäter allgegenwärtig. Die Abgrenzung von ausschließlich zu logistischer, medizinischer und humanitärer Unterstützung stattfindenden Missionen zu Kampfeinsätzen ist praktisch ohnehin nur schwierig zu verwirklichen. Angesichts diffuser, räumlich und zeitlich entgrenzter sowie unzureichend operationalisierbarer Risiken kann sich auch dort – wie in

Afghanistan – eine allmähliche Auftragserweiterung vollziehen, die immer auch in schweren Gefechten, begleitet von Tod und Verwundung münden kann.

Nichtsdestotrotz bedeutet eine Schwerpunktverlagerung immer auch eine mentale Neuausrichtung: Die Erkenntnisse und Erfahrungen des Einsatzes in Afghanistan müssen nun in die neue Dimension der Landes- und Bündnisverteidigung transferiert werden, ohne gedanklich in den Besonderheiten asymmetrischer Konflikte verhaftet zu bleiben. Durch drei Dekaden der Konzentration auf Auslandseinsätze hat sich in der Bundeswehr ein Kontingentdenken etabliert, das nun zügig dem Modell von kriegstüchtigen, vollausgestatteten und kaltstartfähigen Streitkräften mit hohen Bereitschaftsgraden weichen muss.

Die Bundeswehr hatte ihren letzten Gefallenen in Afghanistan im Jahre 2013 zu beklagen. Das Kapitel des Kampfeinsatzes wurde mit dem Übergang von ISAF in die Resolute Support-Mission zum Jahresbeginn 2015 für die deutschen Streitkräfte offiziell beendet. Diese letzte Einsatzphase für die Bundeswehr zwischen 2015 und 2021 kann als »Phase der Ertüchtigung« oder – je nach

Perspektive – als »Phase der Zurückhaltung« definiert werden.

Nach dem vollständigen Abzug der internationalen Truppen Mitte 2021 eskalierte die Lage in Afghanistan sehr schnell. Binnen kürzester Zeit hatten die Taliban das gesamte Land zurückerobert und führten es zurück in ein radikalislamistisches System. Viele Errungenschaften aus zwanzig Einsatzjahren sind seitdem wieder verloren gegangen.

Der Empfang der letzten deutschen Einsatzkräfte nach zwei Jahrzehnten militärischen Engagements in Afghanistan war ein Tiefpunkt im komplizierten Verhältnis von Bundeswehr und Gesellschaft: Abseits von politischer und medialer Aufmerksamkeit wurden die letzten 264 Soldatinnen und Soldaten Ende Juni 2021 an einem Militärflughafen von einem Generalleutnant der Bundeswehr begrüßt. Dieses trostlose Bild hat sich in die Köpfe der »Generation Einsatz« gebrannt und ist für sie zum Symbol für zwei Dekaden Desinteresse am Hindukusch geworden. Es ist zu hoffen, dass die politische Leitung nachhaltige Schlüsse aus dieser missglückten Rückkehr gezogen hat. Die nachträgliche Ehrung von Afghanistanveteraninnen und -veteranen im Spätsommer 2021 am Deutschen Bundestag sowie der Bundestagsbeschluss für einen nationalen Veteranentag ab 2025 zeigen, dass es inzwischen durchaus Raum für die Wertschätzung des Militärdienstes und würdevolle Veranstaltungen mit hohem Symbolwert gibt.

Die offizielle Aufarbeitung des Afghanistan-Einsatzes wird inzwischen mit hohem Aufwand vorangetrieben: Im Sommer 2022 wurde durch den Bundestag eine Enquete-Kommission eingesetzt, die Lehren aus dem deutschen Engagement für die Außen- und Sicherheitspolitik und die künftige Beteiligung an Missionen in internationalen Krisenregionen ziehen soll. Im Zwischenbericht der Kommission wurde die politische Verantwortung für das strategische Scheitern des Afghanistan-Einsatzes bereits anerkannt. Ebenfalls im Sommer 2022 wurde darüber hinaus ein Untersuchungs-ausschuss zur Aufarbeitung der Geschehnisse in Zusammenhang mit dem Abzug der Bundeswehr und der anschließenden Evakuierungsoperation eingerichtet. Auf Grundlage der Untersuchungs-ergebnisse soll der Ausschuss Schlussfolgerungen ziehen und Konsequenzen empfehlen, z.B. zur Kooperation zwischen den Ressorts der Bundesregierung oder zum künftigen Umgang mit Ortskräften.

Insgesamt haben über 50 Bundeswehrangehörige in Afghanistan ihr Leben gelassen, 35 davon bei Anschlägen und in Gefechten. Über 300 wurden verwundet und viele mehr traumatisiert. Auch wenn wir als Task Force keinen Gefallenen zu beklagen hatten, stellte der Einsatz in Kunduz auch für uns und unsere Soldatinnen und Soldaten bei aller dienstlicher und soldatischer Erfüllung eine außerordentliche Belastung dar. Das Anforderungsprofil für militärische Führer im Einsatz unterscheidet sich unserer Ansicht nach nicht unbedingt von dem des täglichen Dienstbetriebes in der Heimat. Der entscheidende Unterschied aber ist, dass mit der Ankunft im Einsatzland die Zeit des Übens vorbei ist und jeder noch so kleine Fehler schwerwiegende Folgen haben kann. Neben der körperlichen Robustheit ist deshalb auch eine hohe geistige Fitness notwendig. Nicht nur, um Befehle richtig deuten und umsetzen zu können, sondern auch um mit Verlassen des Feldlagers hundertprozentig fokussiert und einsatzbereit zu sein. Diese permanente Wachsamkeit und die ständigen Gedanken an den Auftrag, das Umfeld und den Schutz der eigenen Soldatinnen und Soldaten gehen an die Substanz und schlauchen. Das macht sich spätestens nach der Ankunft auf heimischem Boden bemerkbar.

Wir möchten dieses Buch mit einem Epilog schließen, der daran erinnern soll, welchen Gefahren sich unsere Soldatinnen und Soldaten in Afghanistan ausgesetzt haben. Möge die Erinnerung an Zwischenfälle wie den folgenden dazu beitragen, dass wir die Lektionen des Einsatzes am Hindukusch niemals vergessen. Das sind wir nicht zuletzt unseren Gefallenen, Verwundeten, Traumatisierten und Hinterbliebenen schuldig.

8 Epilog
(Airfield Termez, Usbekistan, Juni 2011)

Geschafft sitzen wir am Airfield der usbekischen Grenzstadt Termez. Den hiesigen Bundeswehr-Stützpunkt steuern alle deutschen Kontingentangehörigen an, bevor sie nach Afghanistan eingeflogen werden und wenn sie das Land wieder in Richtung Heimat verlassen. Hinter uns liegt eine weitere Erkundungsreise, die wir wenige Wochen vor unserem Einsatzbeginn als Task Force Kunduz III zu unseren direkten Vorgängern unternommen haben. Unser Aufenthalt wurde durch den Tod von Hauptmann Markus Matthes überschattet, der einige Tage vor unserer Ankunft durch einen IED-Strike in Chahar Darreh sein Leben verlor. Die beschädigten Gefechtsfahrzeuge wurden geborgen und waren noch für einige Tage am Außenzaun des Feldlagers sichtbar. Das war nun die neue Taktik der Aufständischen im Norden Afghanistans: Noch im letzten Jahr hatten sie sich offenen Gefechten mit ISAF gestellt, jetzt gingen sie mehr und mehr zu Angriffen mit versteckten Sprengfallen über. Eine veränderte Bedrohungslage, die es auch unseren Soldatinnen und Soldaten in den letzten Tagen ihrer Ausbildung noch einmal aufzuzeigen galt.

In Gedanken versunken gleichen wir Notizen ab und stellen uns vor, wie es hier wohl in weniger als einem Monat mit unserer Kompanie aussehen würde. Währenddessen betritt ein älterer Stabsoffizier den Warteraum und fordert alle Anwesenden dazu auf, am Rande des Flugfeldes anzutreten. Wir schauen uns etwas verwundert an, verpacken dann aber zügig unsere Ausrüstung und folgen wie alle anderen seiner Aufforderung. Einige Minuten später erscheint er erneut und teilt uns mit, dass er uns nun auf das Rollfeld führen wird. Wir sind noch immer verwundert, marschieren aber wie befohlen einige hundert Meter auf eine offene Fläche. Als wir dort zwei sich gegenüberstehende Flugzeuge sehen, wird uns plötzlich klar, warum wir uns gerade in einer Formation aus über 100 Soldatinnen und Soldaten befinden, die sich in Richtung dieser Flugzeuge bewegt. Offenbar bemerken dies auch die meisten Anderen, denn es wird plötzlich bedrückend still. Die Erkenntnis, dass wir in Kürze das Ehrenspalier bei einer Totenüberführung stellen würden, steigt in uns auf.

Anfang Juni 2011 hatte ein gewaltiges IED einen Schützenpanzer Marder in der Provinz Baghlan zerrissen und dabei den dreiundzwanzigjährigen

106

Kraftfahrer, Oberstabsgefreiten Alexej Kobelew, getötet. Fünf weitere Besatzungsmitglieder wurden teils schwer verwundet. Nun stehen wir in Termez und erweisen dem Gefallenen die letzte Ehre. Wir heben unsere Hand zum militärischen Gruß, als sein Sarg von einem militärischen Transportflieger in eine Airbus-Maschine überführt wird. Er wird mit uns zurück nach Deutschland fliegen.

Nach der Ankunft in der Heimat verlassen wir den Flughafen in Köln-Wahn auf der einen Seite. Aufgeregt winkende Angehörige nehmen hier freudig strahlend ihre Rückkehrerinnen und Rückkehrer in die Arme. Der Sarg des gefallenen Kameraden wird den Flughafen auf der anderen Seite verlassen. Abseits von Öffentlichkeit und Medienrummel werden ihn dort trauernde Hinterbliebene in Empfang nehmen.

Der am 2. Juni 2011 in Puli Khumrī, der Hauptstadt der afghanischen Provinz Baghlan, zerstörte Schützenpanzer Marder (Screenshot: Helmkamera von US-Rettungskräften).

In Gedenken.

Autoren

Bohnert, Marcel, Oberstleutnant im Generalstabsdienst, Dipl.-Päd., M.A., geboren 1979, stellvertretender Vorsitzender des Deutschen BundeswehrVerbandes. Er war 1999/2000 Gruppenführer in der »Task Force Zur« im Kosovo, 2011/2012 Chef einer Kampfeinheit der »Task Force Kunduz« in Afghanistan und 2023 Militärberater in der »Combined Joint Task Force« im Irak. Bohnert hat zahlreiche Bücher und Artikel zu den Auslandseinsätzen und zur militärischen Führungskultur der Bundeswehr verfasst.

Oberstleutnant i.G. Marcel Bohnert

Chahar Darreh, Kunduz, Afghanistan, 2011

Neumann, Andy, Oberstabsfeldwebel, geboren 1977, eingesetzt als Hörsaalleiter an der Panzertruppenschule in Munster. Er war 2004/2005, 2007 und 2008 Gruppenführer bzw. stellvertretender Zugführer im Kosovo sowie 2011/2012 Zugführer des Panzergrenadierzuges Charlie der »Task Force Kunduz« in Afghanistan. Neumann ist Träger des Ehrenkreuzes der Bundeswehr in Gold.

Oberstabsfeldwebel Andy Neumann

Chahar Darreh, Kunduz, Afghanistan, 2011

Literaturverzeichnis: Bibliografie zum Einsatz deutscher Panzergrenadiere in Afghanistan

Blasberg, Anita & Willeke, Stefan (2010): Afghanistan. Das Kundus-Syndrom. Die Zeit, 04.03.2010.

Blumröder, Christian v. (2015): Shape, Clear, Hold, Build –Die Operation Halmazag des Ausbildungs- und Schutzbataillons Kunduz, in: R. Schroeder/S. Hansen (Hrsg.): Stabilisierungseinsätze als gesamtstaatliche Aufgabe. Erfahrungen und Lehren aus dem deutschen Afghanistaneinsatz zwischen Staatsaufbau und Aufstandsbewältigung (COIN). Nomos: Baden-Baden, S. 233-243.

Brinkmann, Sascha, Hoppe, Joachim & Schröder, Wolfgang (Hrsg.)(2013): Feindkontakt. Gefechtsberichte aus Afghanistan. Mittler: Hamburg.

Bohnert, Marcel (2014a): Feinde in den eigenen Reihen. Zur Problematik von Innentätern in Afghanistan. If. Zeitschrift für Innere Führung, 2, S. 5-12.

Bohnert, Marcel (2014b): Wächter aus der Luft. Drohnen als Schutzpatrone deutscher Bodentruppen in Afghanistan, in: U. Hartmann/C.v. Rosen (Hrsg.): Jahrbuch Innere Führung 2014. Drohnen, Roboter und Cyborgs. Der Soldat im Angesicht neuer Militärtechnologien. Berlin: Miles, S. 19-34.

Bohnert, Marcel (2014c): Zur Notwendigkeit lagebezogener Einsatzregeln für Soldatinnen und Soldaten in Auslandsmissionen, in: F. Forster/S. Vugrin/L. Wessendorff (Hrsg.): Das Zeitalter der Einsatzarmee. Herausforderungen für Recht und Ethik. Berliner Wissenschafts-Verlag: Berlin, S. 131-140.

Bohnert, Marcel (2013a): Armee in zwei Welten, in: M. Böcker/L. Kempf/F. Springer (Hrsg.): Soldatentum. Auf der Suche nach Identität und Berufung der Bundeswehr heute. Olzog: München, S. 75-89.

Bohnert, Marcel (2013b): Die Multiformträger. Anmerkungen zur Anzugordnung in Afghanistan. Der Panzergrenadier, 34, S. 35-37.

Bohnert, Marcel (2012a): 200 Tage Task Force Kunduz. Einsatzverlauf in der 2. Infanteriekompanie. Der Panzergrenadier, 33, S. 67-75.

Bohnert, Marcel (2012b). Gemischte Patrouille in Kunduz. Ein schweißtreibender Auftrag. Pioniere – Magazin der Pioniertruppe und des Bundes Deutscher Pioniere, 6, S. 14-16.

Bohnert, Marcel (2012c): Von Kunduz nach Munster. Einsatzresümee der 2. Kompanie. Der Panzergrenadier, 32, S. 64-66.

Bohnert, Marcel, Dohmeyer, Floris & Schröder, Friedrich (2011): Aufstellung und Ausbildung einer Infanteriekompanie für die Task Force Kunduz. Der Panzergrenadier, 29, S. 61-65.

Bohnert, Marcel & Schröder, Friedrich (2011): Ein Einsatz, zwei Welten. Drinnies und Draußies in Afghanistan. Zu gleich – Zeitschrift der Artillerietruppe. 2, S. 6-9.

Bohnert, Marcel (2011): In der heißen Zone. Die ersten Monate der 2. Infanteriekompanie im Kunduz. Der Panzergrenadier, 30, S. 37-42.

Brügner, Gunnar, Grohmann, Hans-Christoph & Hecht, Jan (2010): Schützenpanzer Marder 1A5: Erfahrungen aus dem Einsatz. Strategie & Technik, 6, S. 51-64.

Brügner, Gunnar C. & Ehbrecht, Matthias (2009): DEU Quick Reaction Force (QRF) im Regionalkommando Nord: Aufstellung, Ausbildung und Einsatzerfahrung. Der Panzergrenadier, 26, S. 16-20.

Buske, Rainer (2016): Anforderungen an den Führer im Einsatz, in: M. Bohnert/B. Schreiber (Hrsg.): Die unsichtbaren Veteranen. Kriegsheimkehrer in der deutschen Gesellschaft, S. 59-70.

Buske, Rainer (2015): Kunduz. Ein Erlebnisbericht über einen militärischen Einsatz der Bundeswehr in Afghanistan im Jahre 2008. Miles: Berlin.

Chauvistré, Eric & Bangert, Christoph (2012): Auf Montage. NEON, 1, S. 20-30.

Cihar, Jan (2010): Die 2./PzGrenBtl 122 im Einsatz als 2./Infanteriekompanie PRT Kunduz. Der Panzergrenadier, 28, S. 77-79.

Clair, Johannes (2012): Vier Tage im November. Mein Kampfeinsatz in Afghanistan. Econ: Berlin.

Döbel, Tino (2010): Ein paar wichtige Tips (sic!) aus dem 20. DtEinsKtgt ISAF Kunduz. Der Panzergrenadier, 27, S. 82-84.

Fernholz, Alexander & Lilienthal, Peer (2010): Einsatzvorbereitung der Task Force Mazar-e-Sharif. Der Panzergrenadier, 28, S. 84-87.

Friederichs, Hauke (2011): Die Kämpfer schimpfen auf die Lagerbürokraten. Die Zeit, 14.02.2011.

Gambarini, Maurizio (2011): Hoffnung für Afghanistan. Bundeswehr aktuell, 19.11.2011, S. 11.

Hartmann, Christian & Götz, Markus (2021): „Hier ist Krieg". Afghanistan-Tagebuch 2010. Vandenhoeck & Ruprecht: Göttingen.

Geist, Bernhard-Andreas, Hennig, Paul & Lonken, Christian (2011): Die Bayerwaldgrenadiere im Ausbildungs- und Schutzbataillon Kunduz. Die 3. Kompanie im 22., 23. und 24. Kontingent ISAF. Der Panzergrenadier, 29, S. 69-76.

Grohmann, Hans-Christoph (2015): Führen im Einsatz und im Gefecht – Erfahrungen als Kommandeur der Quick Reaction Force (QRF) in Nordafghanistan, in: R.L. Glatz/R. Tophoven (Hrsg.): Am Hindukusch – und weiter? Die Bundeswehr im Auslandseinsatz: Erfahrungen, Bilanzen, Ausblicke. Bundeszentrale für politische Bildung: Bonn, S. 93-106.

Grohmann, Hans-Christoph (2011): Führung im Gefecht. Erfahrungen und Gedanken zur Verantwortung und Belastung des militärischen Führers. Der Infanterist, 29, S. 21-27.

Grohmann, Hans-Christoph, Kasper, Thorsten & Hecht, Jan (2009): Der Einsatz der QRF 3 in Afghanistan vom 14.04 (sic!) bis 18.10.2009. Der Panzergrenadier, 26, S. 21-27.

Hecht, Jan (2015): Afghanistan mit vollem Einsatz – Erfahrungen eines Panzergrenadierzugführers, in: R.L. Glatz/R. Tophoven (Hrsg.): Am Hindukusch – und weiter? Die Bundeswehr im Auslandseinsatz: Erfahrungen, Bilanzen, Ausblicke. Bundeszentrale für politische Bildung: Bonn, S. 107-120.

Hecht, Jan (2013): Das Wertvollste an der Front. loyal, 3, S. 12-15.

Hilmes, Rolf (2011): 40 Jahre Schützenpanzer Marder. Strategie & Technik, 5, S. 21-24.

Janke, Ralf (2012): Erprobung und Abnahme Raumkühlanlage SPz Marder 1A5. Erprobungsbericht/Abschlussbericht. BAAINBw/WTD41: Trier.

Janke, Ralf (2010): Überprüfung Multispektrale Tarnabdeckung SPz Marder 1A5. Erprobungsbericht/Abschlussbericht. BAAINBw/WTD41: Trier.

Krüger, Thomas (2010): Vom Kampf in Kunduz. Y – Magazin der Bundeswehr, 4, S. 68-70.

Kuhn, Marc (2014): Über den Horizont. Ansichten eines Laufbahnverräters, in: M. Bohnert/L.J. Reitstetter (Hrsg.): Armee im Aufbruch. Zur Gedankenwelt junger Offiziere in den Kampftruppen der Bundeswehr. Miles: Berlin, S. 41-52.

Lindemann, Marc (2015): Rückblick auf einen Krieg. Y – Magazin der Bundeswehr, 2, S. 26-33.

Lilienthal, Peer & Fernholz, Alexander (2011): Lagemeldung aus der Stellung. Das Panzergrenadierbataillon 212 schreibt aus dem Operationsraum Baghlan/Afghanistan. Der Panzergrenadier, 29, S. 86-90.

Magnus, Frank (2010): Einsatzvorbereitende Ausbildung und Einsatz eines Panzergrenadierzuges für die Quick Reaction Force. Der Panzergrenadier, 27, S. 85-88.

Mann, Robert Clifford (2014): German Warriors, in: M. Daxner (Hrsg.): Deutschland in Afghanistan. BIS: Oldenburg, S. 139-153.

Matz, Michael (2011): Jägerregiment 1. Im Einsatz als Quick Reaction Force RC North. Strategie & Technik, 1, S. 20-24.

Mayer, Martin & Linke, Martin (2013): Vom ASB MeS zur PATF MeS und PU OP North. Zum Einsatz der Salzunger Grenadiere 2012. Der Panzergrenadier, 33, S. 118-120.

Nowitzki, Manja (2012): Die Angst ist täglicher Begleiter. Schweriner Volkszeitung/Nordkurier, 24.01.2012, S. 3.

Plener, Michael (2009): Der I. Zug der 4./PzGrenBtl 122 im Einsatz als H-Zug der I. Infanteriekompanie PRT Kunduz. Der Panzergrenadier, 28, S. 80-83.

Reuter, Christoph & Mettelsiefen, Marcel (2010): Foxtrott auf Höhe 432. Stern, 8, S. 42-49.

Rippl, Jan (2015): Noch lange kein Alteisen. Y – Das Magazin der Bundeswehr, 1, S. 30-35.

Rogge Ronald & Rippl, Jan (2011): Trügerische Idylle. Y – Das Magazin der Bundeswehr, 11, S. 28-35.

Schapitz, Stefan (2011): Der Bravo Zug der QRF 5. Der Panzergrenadier, 29, S. 82-85.

Schmidt, Michael (2010): Leben am Limit. Der Tagesspiegel, 19.12.2010.

Schnitt, Jonathan (2012): Foxtrott 4. Sechs Monate mit deutschen Soldaten in Afghanistan. Bertelsmann: München.

Schreiber, Björn & Bohnert, Marcel (2014): 200 Tage Kunduz. Erfahrungen einer Kampfkompanie in Afghanistan. Vortrag, Fotopräsentation, Diskussion. 3. Auflage. Video-Doppel-DVD. Helmut-Schmidt-Universität/Universität der Bundeswehr Hamburg: Hamburg.

Schreiber, Björn (2015): Zivil-militärische Zusammenarbeit aus der Perspektive eines CIMIC-Truppführers, in: R. Schroeder/S. Hansen (Hrsg.): Stabilisierungseinsätze als gesamtstaatliche Aufgabe. Erfahrungen und Lehren aus dem deutschen Afghanistaneinsatz zwischen Staatsaufbau und Aufstandsbewältigung (COIN). Nomos: Baden-Baden, S. 323-334.

Schwitalla, Artur (2010): Afghanistan, jetzt weiß ich erst… Gedanken aus meiner Zeit als Kommandeur des Provincial Reconstruction Team Feyzabad. Miles: Berlin.

Seliger, Marco (2013): Lektionen des Krieges. loyal, 5, S. 14-21.

Seliger, Marco (2011): Bundeswehr in Afghanistan. Manchmal ist das schon ein Scheißjob. Frankfurter Allgemeine Zeitung, 14.02.2011.

Seliger, Marco (2010a): Das 20-Millimeter-Argument. loyal, 7/8, S. 30-33.

Seliger, Marco (2010b): Vom Kriege. loyal, 10, S. 6-17.

Shea, Neil (2012): Ready for a fight. German soldiers' Afghan Mission shifts from Reconstruction and Training to Engaging Enemy. Stars and Stripes, 09.01.2012, pp. 16-17.

Siegenführer, Ralf (2025): 127 (Publikation in Erstellung).

Spangenberg, André (2011): Das kleine Wunder von Nawabad. Mitteldeutsche Zeitung, 26.09.2011.

Spangenberg, André (2011): Omed heißt Hoffnung. Bundeswehr stoppt geplante Taliban-Sommeroffensive in Kundus. dpad, 09/2011.

Uzulis, André (2024): Der vergebliche Krieg – 20 Jahre Bundeswehr in Afghanistan. Geschichte und Bilanz. Miles: Berlin.

Vollmer, Jörg (2009): Einsatzerfahrung als Kommandeur des Regionalkommando Nord von 10. Januar bis 03. Oktober 2009. Der Panzergrenadier, 26, S. 11-15.

Weigelt, Julia (2013): Der einsame Kämpfer. loyal, 3, S. 6-11.

Wüstner, André (2013): Kundus – ein Name, der sich eingebrannt hat. Die Bundeswehr, 11, S. 25.

Ziegler, Christian Markus (2010): Erfahrungsbericht Schutzkompanie Kunduz 19. DEU Ktgt ISAF. Der Panzergrenadier, 27, S. 80-81.

Ergänzende Literatur

Bartels, Hans-Peter (2021): Mit dem U-Boot durch Afghanistan. Was wir aus den langen Jahren Einsatz am Hindukusch lernen können. Die Bundeswehr, 5, S. 26-27.

Bertrams, Andre (2023): Schützenpanzer Puma VJTF meistern Gefechtsübung. Hardthöhen Kurier, 6, S. 38-42.

Bohnert, Marcel (2024): Zur Ausgestaltung des nationalen Veteranentages. Europäische Sicherheit & Technik, 6, S. 86-88.

Bohnert, Marcel (2021): Ich war in einem Krieg, den es nicht geben durfte. Der Spiegel, 32, S. 24-25.

Bohnert, Marcel (2017): Über Korpsgeist und Kampftruppen. Frankfurter Allgemeine Zeitung, 29.04.2017, S. 8.

Burmeister, Stefan (2024): Auf der Suche nach Frieden. Zur Gestaltung von Nachkriegsordnungen – eine archäologische Spurensuche, in: M. Jung (Hrsg.): Konfliktvermeidung und Konfliktbeilegung in Gesellschaften ohne Zentralgewalt. Würzburger Studien zur vor- und frühgeschichtlichen Archäologie, 9, S. 429-442.

Chiari, Bernhard (2015): Was können Streitkräfte für die Stabilisierung von Staaten leisten? Der ISAF-Einsatz und das PRT Kunduz 2003 bis 2012. Der Panzergrenadier, 37, S. 14-20.

Deutscher Bundestag (Hrsg.)(2024): Zwischenbericht der Enquete-Kommission Lehren aus Afghanistan für das künftige vernetzte Engagement Deutschlands. Drucksache 20/10400. Deutscher Bundestag: Berlin, 19.02.2024.

Egleder, Julia & Bohnert, Marcel (2023): Deutschlands Veteranen. (Über-)Leben nach dem Einsatz. Mittler: Hamburg.

Gack, Uli (2015): Nach Kunduz kommt man nur zum Sterben. Nachruf auf ein deutsches Experiment in Nordafghanistan, in: R.L. Glatz/R. Tophoven (Hrsg.): Am Hindukusch – und weiter? Die Bundeswehr im Auslandseinsatz: Erfahrungen, Bilanzen, Ausblicke. Bundeszentrale für politische Bildung: Bonn, S. 266-283.

Gebauer, Matthias & Hammerstein, Konstantin v. (2022): Das ist das Endgame. Der Spiegel, 31, S. 9-17(ff.).

Gerstner, Christian (2023): Unter dem Schwert. 15 Jahre im Kommando Spezialkräfte. Miles: Berlin.

Hinz, René (2024): VJTF-Version weiterentwickelt. Neuer Puma im Revier. Newsletter Verteidigung, 30, S. 10-11.

Kraus, Mathias (2023): SPz Puma – Projektsachstand und Weiterentwicklung aus Sicht der Industrie. Der Panzergrenadier, 54, S. 19-22.

Kormbaki, Marina (2024): Nachrüstung des Puma-Panzers wird teurer als geplant. Der Spiegel, 37, 06.09.2024.

Münch, Philipp (2022): Der Primat der Politik: Lehren aus dem Afghanistan-Einsatz der Bundeswehr. Die Bundeswehr, 10, S. 24-25.

Neitzel, Sönke (2020): Deutsche Krieger. Vom Kaiserreich zur Berliner Republik – eine Militärgeschichte. Propyläen: Berlin.

Remmel, Hendrik (2023): Fact-checking im Ukraine-Krieg: Der Marder als Game-Changer? German Institute for Defense and Strategic Studies: Hamburg.

Seiffert, Anja & Heß, Julius (2012). Afghanistan: Ein Einsatz verändert die Bundeswehr. Erkenntnisse aus dem Einsatz des 22. deutschen ISAF-Kontingents. If. Zeitschrift für Innere Führung, 2, S. 20-24.

Seiffert, Anja (2014): Holidays at »Kunduz Spa«? Experiences of German soldiers in Afghanistan, in: B. Chiari (Ed.): From Venus to Mars? Provincial Reconstruction Teams and the European Military Experience in Afghanistan, 2001-2014. Rombach: Freiburg i.Br., pp. 317-332.

Schwitalla, Moritz (sic!) **& Neumann, Andy** (2015): Vom SPz Marder zum SPz Puma. Die Übergabe des ersten SPz Puma am 24.06.2015 an das Deutsche Heer. Der Panzergrenadier, 38, S. 16-17.

Vockerodt, Hagen (2024): 1638 im Krieg. Die Kehrseite der Einsatzmedaille. Miles: Berlin.

GermanVeteransPublishing

Weitere Informationen

Um einen vertieften Einblick in die Operationsführung der Kompanie zu ermöglichen, werden exemplarisch einige zusätzliche Operationspläne und Medienbezüge abgebildet. Zum besseren Verständnis sind die in den Skizzen von Hauptmann Marcel Bohnert genutzten Abkürzungen erläutert:

2./Inf TF KDZ	2. Infanteriekompanie Task Force Kunduz
2.0	Deckname Kompaniechef
2.1	Deckname Stellvertretender Kompaniechef
2.3	Deckname Kompanietruppführer
A	Infanteriezug Alpha
ab, abges	abgesessen
ALB	Aliabad
ANA	Afghan National Army
ANP	Afghan National Police
ANSF	Afghan National Security Forces
Aufkl	Aufklärung
B	Infanteriezug Bravo
BAT	Beweglicher Arzttrupp
BEL	Belgische Mentoren
BoBo	Boden-Boden-Team der Artillerie
C	Panzergrenadierzug Charlie
CG20	Counter-IED Gerät 20
COM	Kommandeur
ConOP	Concept of Operations
COP	Combat Outpost
CST	Combat Sniper Team
DHQ	District Headquarters
EKT	Einsatzkameratrupp
EloKa	Elektronische Kampfführung
EOC	Explosive Ordnance Clearance
EOD	Explosive Ordnance Disposal
Erkdg	Erkundung
FET	Female Engagement Team
Fhr	Führer

FzStern	Fahrzeugstern
InfZg	Infanteriezug
INS	Insurgents, Aufständische
IRF	Immediate Response Force
IVO	in vicinity of
JF, JFST	Joint Fire, Joint Fire Support Team
KU	Kampfunterstützung
LOC	Line of Communication
LuBo	Luft-Boden-Team der Artillerie
nCDR	nördliches Chahar Darreh
NET	not earlier than
OffzMilNw	Offizier des Militärischen Nachrichtenwesens
OP	Observation Post
Op	Operation
Patr	Patrouille
Pi	Pionierkräfte
PiErk	Pioniererkundungskräfte
PRT	Provincial Reconstruction Team
PzGrenZg	Panzergrenadierzug
Res	Reserve
S2	Militärisches Nachrichtenwesen
San	Sanitätskräfte
sCDR	südliches Chahar Darreh
SichVerantw	Sicherheitsverantwortung
SP	Schwerpunkt
SpähGrp	Spähgruppe
SpähTrp	Spähtrupp
SPz	Schützenpanzer
Std	Stunden
Stg	Stellung
südl	südlich
T-COP	temporary Combat Outpost
TCT	Tactical Civil Military Cooperation Team
TF KDZ	Task Force Kunduz
TOC	Tactical Operations Center
TPT	Tactical Psychological Operations Team
Übw	Überwachung
Zg	Zug

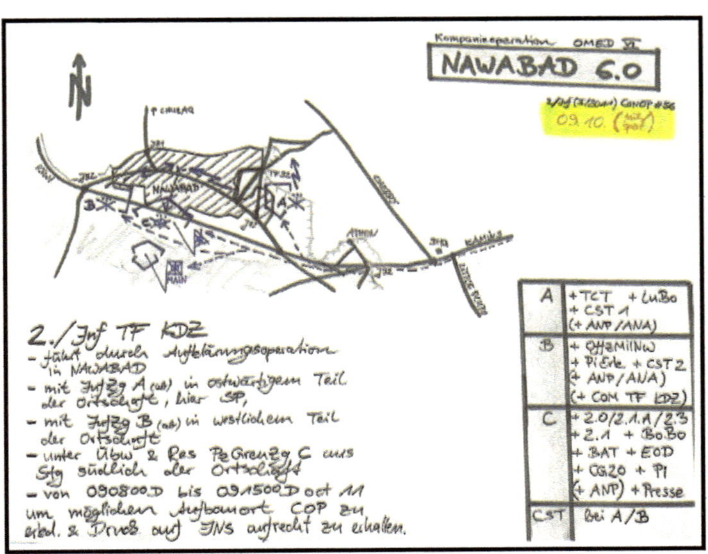

Kompanieoperation OMED XI

NAWABAD 6.0

2/Inf (3/2011) ConOP #56
09.10. (mit/spät)

2./Inf TF KDZ

- führt durch Aufklärungsoperation in NAWABAD
- mit InfZg A (OA) in ostwärtigem Teil der Ortschaft, hier SP,
- mit InfZg B (OA) in westlichem Teil der Ortschaft
- unter Übw & Res PzGrenZg C aus Stg südlich der Ortschaft
- von 090800D bis 091500D oct 11

um möglichen Aufbauort COP zu erkd. & Druck auf INS aufrecht zu erhalten.

A	+ TCT + LuBo + CST 1 (+ ANP/ANA)
B	+ OffzMilNw + PiErk + CST 2 (+ ANP/ANA) (+ COM TF KDZ)
C	+ 2.0/2.1.A/2.3 + 2.1 + BoBo + BAT + EOD + CG20 + Pi (+ ANP) + Presse
CST	Bei A/B

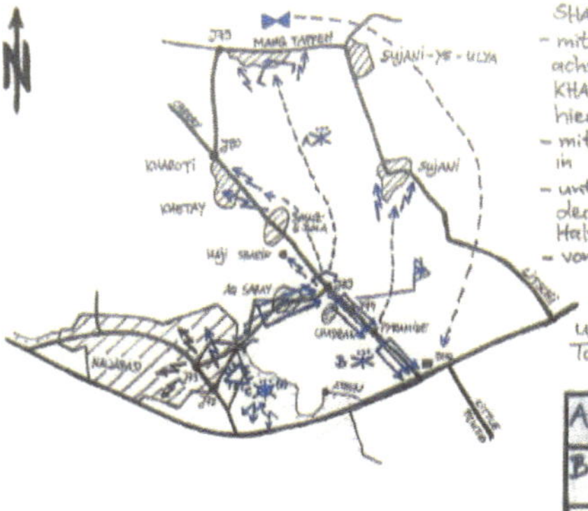

2/Inf (3/2011) ConOP #60
15.10. (spät)
– 19.10. (spät)

2./Inf TF KDZ

- führt durch 100-Std-Aufkl.-Op im Zuge LOC CHERRY
- mit InfZg A auf der Bewegungsachse NAWABAD – J89 – HAJI SHARIF – MANG TAPPEH
- mit InfZg B auf der Bewegungsachse NAWABAD – J89 – KHAROTI – J74 – PYRAMIDE, hier SP,
- mit PzGrenZg C aus T-COP in NAWABAD
- unter wechselseitiger Reserve der Züge untereinander & Halten DHQ durch KU
- von 151430D bis 191830D oct um Druck auf INS im nCDR weiter zu erhöhen und Voraussetzungen für Task Force-Op zu schaffen.

A	+ 2.1 + OffzMilNw + TCT + LuBo + TCT + San 1 + CST 1
B	+ 2.0/2.3 + EOD + EOC + Pi + BaBo + CG20 + BAT + ANP + San 2 + CST 2 + Presse
C	+ Biber + Eloka + US (CST/Scouts/FET) + PC + Dachs + ANP (+ ANA)

2./Inf TF KDZ
- führt durch gepartnerte Patrouille in SCDR & ALB
- mit InfZg A ab 130730 in QUARIA QASAB – BAJOWRI – QASAB
- mit InfZg B & ANA ab 131100 in MUR SHEYK (2), hier SP,
- unter Abw PzGrenZg C & CST von OP's OBERVIECHTACH & MUCHTE ab 121230 um Gesprächsaufklärung durchzuführen und Druck auf INS aufrecht zu erhalten.

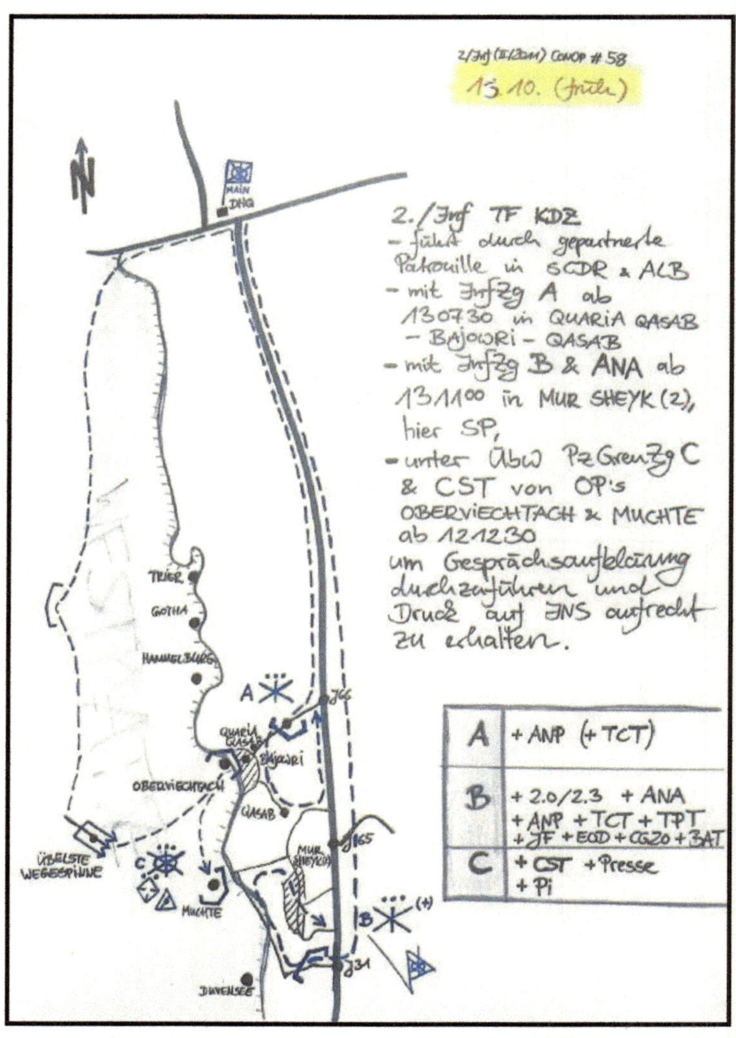

A	+ ANP (+ TCT)
B	+ 2.0/2.3 + ANA + ANP + TCT + TPT + JF + EOD + CGZO + BAT
C	+ CST + Presse + Pi

30.10. (früh + spät)

LALA MAYDAN 1.0

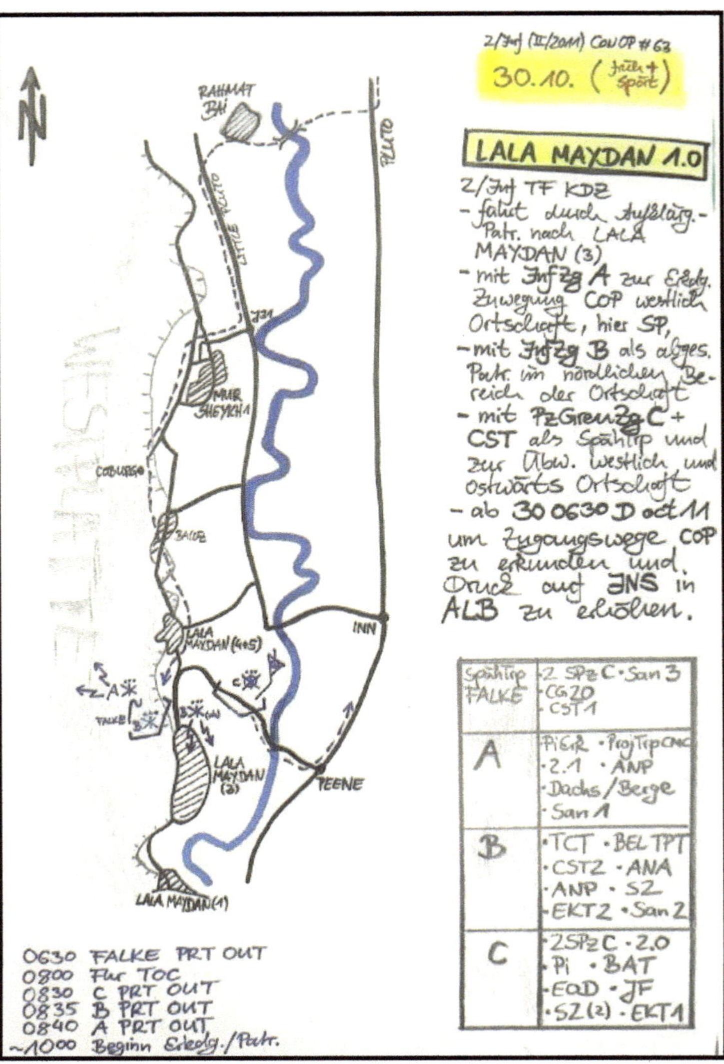

2/Inf TF KDZ
- fährt durch Aufklärg.-Patr. nach LALA MAYDAN (3)
- mit InfZg A zur Erkdg. Zuwegung COP westlich Ortschaft, hier SP,
- mit InfZg B als abges. Patr. im nördlichen Bereich der Ortschaft
- mit PzGrenZg C + CST als Spähtrp und zur Abw. westlich und ostwärts Ortschaft
- ab 30 0630 D oct 11 um Zugangswege COP zu erkunden und Druck auf INS in ALB zu erhöhen.

Spähtrp FALKE	• 2 SPz C • San 3 • CG 20 • CST 1
A	• PiGr • ProjTrpCIMC • 2.1 • ANP • Dachs / Berge • San 1
B	• TCT • BEL TPT • CST 2 • ANA • ANP • SZ • EKT 2 • San 2
C	• 2 SPz C • 2.0 • Pi • BAT • EOD • JF • SZ (2) • EKT 1

0630 FALKE PRT OUT
0800 Für TOC
0830 C PRT OUT
0835 B PRT OUT
0840 A PRT OUT
~1000 Beginn Erkdg./Patr.

Taschenkarte Innentäter 1/2

2./Inf TF KDZ III
06/2011-01/2012
Hptm Bohnert (KpChef)
Hptm Herzog (S2-Offz)

Innentäter
Gegenmaßnahmen, Risikominimierung

Rahmen

- Ziel Insurgents: „Terror im Kopf", Misstrauen, Ressourcenbindung, Unterminierung Partnering, Schwächung des Willens der Internationalen Staatengemeinschaft
- Auslöser: militant (Kollaboration, Erpressung, Selbstradikalisierung, Infiltration, Steuerung) vs. nicht-militant (Stressreaktionen, Drogenkonsum, interkulturelle Missverständnisse)
- Ursache oft persönliche Motive (Kränkungen, Ehrverletzungen, soziale Beleidigungen)
- Großteil der Täter „on the edge" (Mitläufer)
- Häufung Incidents nach Urlaub/Erholungszeiten ANSF
- »Green on Blue« ca. 1‰ aller SRZ AFG (81 von 60.000 SRZ seit 2002)
- 2 Incidents DEU Kr ISAF (19.02.2011 Baghlan, 28.05.2011 Taloqan)
- Innentäterproblematik könnte angesichts zunehmender Mentoring-Strukturen und schwindendem Erfolg der Insurgents in offenen Gefechten zunehmen

Handlungsmöglichkeiten politischer Leitung, militärischer Führung

- geeignete Personalauswahl Ortskräfte
- gemeinsamer Abzug mit Ortskräften aus AFG
- SMEs als Transferträger
- Biometrisierung, Rekrutierung der ANSF, MilNw-Sicherheitsüberprüfungen
- Alphabetisierung (Bildung vs. Radikalisierung)

Einsatzvorbereitung

- Handlungstraining, Einbau in Lagen
- Führerweiterbildungen, Einsatzvorbereitung
- Taschenkarten, Battle Books
- Einbindung MilNw, TCT, TPT und IEB
- regelmäßige Einweisung Innentäterlage
- Nahkampftechniken

Incident

- Kritisches Momentum (Einzeltäter?)
- Sicherung
- Verbindung ANSF-Führung (Klarstellung, Informationsweitergabe, Spannungsabbau)
- Battle Damage Assessment (Beweissicherung, Deutungshoheit, Informationsüberlegenheit, Dokumentation)

Taschenkarte Innentäter 2/2

2./Inf TF KDZ III
06/2011-01/2012
Hptm Bohnert (KpChef)
Hptm Herzog (S2-Offz)

Vertrauen als Schlüssel
- Cultural Awareness, Empathie
- respektvoller, angemessener Umgang
- Sprachmittler: Zugang & Frühwarnsystem
- zusätzliche Sensoren: MilNw, TCT, TPT
- kontra Fun-Patches/-Badges (Pork Eating Crusaders, Laser Guided Democracy etc.)
- Ausbildung anbieten, durchführen, gemeinsame Erfahrungen
- Sprachausbildung als Türöffner (Floskeln)
- gepartnerte Patrouillen (Gleichberechtigung)
- Hilfeleistungen
- Verhalten gegenüber Zivilbevölkerung
- Vermeidung von »latentem Rassismus«
- Gelassenheit vs. westliches Wertegerüst
- VASE: Verbindung, Aufklärung, Sicherung, Erkundung
- ständiger Scan des Umfeldes, Besprechung von Auffälligkeiten mit MilNw, ANSF-Führung
- Sicherung nach innen, unauffällige Close Protection, „Guardian Angel"
- möglichst nie allein
- An- und Abmeldung eigener Kräfte
- redundante Fernmelde-Verbindungen
- Alarm- und Evakuierungspläne
- Balance: Höflichkeit vs. Schutzbedürfnis
- Dress Code, Weapons Code, Objektschutz
- Verschleierung eigener Dienststellung, Wechseln Positionen, Fahrzeuge, Helmfarbe
- Vorsichtsmaßnahmen bei anschlaggünstigen Aktivitäten (Sport, Essen, Schlafen, Besprechungen etc.)
- sichere Verwahrung/Nachweisführung (Waffen, Uniformen)

Grenzen
- Gegen Innentäter gibt es kein Allheilmittel!
- Risikominimierung ist weniger Taktik, sondern eher Einstellungsfrage!
- Soldaten sind keine »interkulturellen Friedenstauben« und müssen handlungssicher bleiben!
- Don´t get paranoid!

Respekt schützt vor Innentätern!

Lehren aus Afghanistan

„Ich habe selten eine so klare Analyse über dieses komplexe Thema gelesen.“
Prof. Dr. John Kantara, Berlin University of Applied Sciences

„Die wohl scharfsinnigste und ehrlichste Analyse der Inneren Führung im Einsatz. Marcel Bohnert benennt in selten erreichter Klarheit Stärken und Schwächen dieses Leitkonzepts deutscher Streitkräfte. Ein Muss für jeden, der sich für die Bundeswehr interessiert.“
Prof. Dr. Sönke Neitzel, Universität Potsdam

„Marcel Bohnert erlebe ich immer wieder als einen Offizier, der sich für andere gerade macht. Zum Nachdenken anregt, das kritische und richtige Wort findet, um konstruktiv Kritik zu üben. Man sollte ihn auszeichnen – für das was er leistet und seinen Mut, Dinge zu verändern!“
Robert Sedlatzek-Müller, Autor »Soldatenglück«

136

YouTube: „200 Tage Kunduz"

#200tageKunduz #Kampfeinsatz #GenerationEinsatz
#EinsatzVeteranen #LestWeForget

www.BundeswehrVerband.de/Veteranen

#DieUnsichtbarenVeteranen #Veteranenkultur
#Veteranenpolitik #Veteranentag #GemeinsamStark